Sehnsuchtsorte mit Sonnengarantie

Die nordgriechische Region Chalkidikí ist bekannt für ihre außergewöhnliche Form: drei Halbinseln, die wie Finger ins Meer ragen. Der Landstrich bietet unzählige Strände und Buchten an der türkisfarbenen Ägäis, wo Badende, Sonnenhungrige und Wassersportfans traumhafte Bedingungen vorfinden. Gleichzeitig überrascht die Chalkidikí mit ihrer Vielfalt: einerseits die weitestgehend flache Halbinsel Kassándra, andererseits die gebirgige Sithonía und schließlich die Mönchsrepublik Áthos mit ihren Klöstern an den Hängen des sagenhaften heiligen Bergs. Doch auch die hügelige Zentralregion verheißt dank archäologischer Stätten, authentischer Bergdörfer und unberührter Natur spannende Entdeckungen. Kein Wunder also, dass Chalkidikí längst keine Unbekannte mehr bei in- und ausländischen Besuchern ist.

Dennoch hat es die Region geschafft, sich ihren Reiz zu bewahren: Unansehnliche Bausünden, Touristennepp und „Ballermann"-Atmosphäre sind zum Glück kaum vorhanden, dafür überzeugt Chalkidikí mit reichlich griechischem Flair, das man etwa in den charmanten Küstenorten erleben kann. Hier locken Tavernen und Cafés an beschaulichen Uferpromenaden, man kann Bootstouren auf vorgelagerte Inseln unternehmen oder an schier endlosen Sandstränden die Seele baumeln lassen. Urban geht es hingegen in der prickelnden Metropole Thessaloníki zu, die verkehrstechnisch das Tor zur Chalkidikí darstellt.

Da sich die einzelnen Unterregionen recht stark voneinander unterscheiden, tut es gut, schon im Vorfeld hilfreiche, fundiert recherchierte Informationen zu bekommen. In diesem Geiste wurde dieser Reiseführer geschrieben.

Der Autor

Daniel Krasa wurde 1976 in Wien geboren, verbrachte aber einen Großteil seines Lebens „auf Achse" im Nahen Osten, in Lateinamerika, aber auch in Indien, Südostasien und Japan. Im Reise Know-How Verlag liegen von ihm mehrere Bände in der Kauderwelsch-Reihe, die CityTrips Frankfurt, Graz, Neapel, Tel Aviv, Thessaloníki und Wien, der MeinTrip Salzburger Land und Salzkammergut sowie die Reiseführer Österreich und Ibiza mit Formentera (zusammen mit Hans-R. Grundmann) vor.

098ms©Risa Krasa

Meine

001mt-sb

Thessaloníki [S. 144]

Die zweitgrößte Stadt Griechenlands ist berühmt für ihr von unterschiedlichen Epochen geprägtes Zentrum mit etlichen Bauten, die zum UNESCO-Weltkulturerbe gehören, aber auch für ihre lebendige Kunst-, Gastronomie- und Nightlife-Szene. Gleichgültig, ob man nun Kultur oder Genuss zu schätzen weiß – in Thessaloníki bekommt man von beidem reichlich (s. S. 18).

002mt-dk

17 Ouranoúpoli [H4]

Im quirligen Ouranoúpoli unmittelbar westlich der Mönchsrepublik Áthos (s. S. 98) kann man ein wenig erahnen, wie es jenseits der Grenze zugeht, denn Popen und Pilger legen im Ort einen Zwischenstopp ein. Außerdem stechen hier viele Ausflugsschiffe in See, die – stets in gebührendem Abstand – an der Küste zu Füßen des heiligen Bergs entlangschippern (s. S. 42).

003mt-sb

26 Arnéa [E2]

Mit seiner osmanischen Architektur des ausgehenden 19. Jh. ist das in 600 m Höhe thronende Bergstädtchen Arnéa eine entspannte Alternative zu den trubeligen Küstenorten weiter unten. Brauchtum und Tradition werden hier noch gepflegt. Im Umland erfährt man Wissenswertes über die Honigproduktion und den Weinbau (s. S. 54).

004mt-dk

Kap Kanastréo [F7]

Im Osten der Halbinsel Kassándra erstreckt sich rund um das Dorf Palioúri 37 ein weitläufiges Areal, das sich durch traumhafte Küstenabschnitte auszeichnet. Zum einen begeistert der sich in eine halbrunde Bucht schmiegende, unverbaute Chroússo Beach (s. S. 68), zum anderen ist das ursprüngliche Kap Kanastréo mit seinen Wandermöglichkeiten ein lohnendes Ziel fernab der Urlauber-Hotspots (s. S. 70).

FALTPLAN

»Schreiben Sie uns!

Wir hoffen, dass Ihnen dieser Reiseführer gefällt und er Ihnen ein guter Begleiter auf einer außergewöhnlichen und spannenden Reise ist.

Weil ein Reiseführer von Erfahrungen lebt, sind wir an Ihren Erlebnissen interessiert: Haben Sie im Buch ein Restaurant entdeckt, das es nicht mehr gibt, eine Sehenswürdigkeit, die wir noch nicht aufgeführt haben, oder eine falsche Adresse? Dann schreiben Sie uns!

Wir nehmen jeden Hinweis und jede Kritik ernst und arbeiten kontinuierlich daran, die Bücher aktuell zu halten und immer weiter zu verbessern. Auch wenn wir nicht jeden Wunsch erfüllen können, machen wir uns immer Gedanken über Ihre Anmerkungen.

Schreiben Sie an: info@reise-know-how.de oder Reise Know-How Verlag Peter Rump GmbH, Postfach 140666, 33626 Bielefeld

Wenn sich Ihre Infos direkt auf das Buch beziehen, bitten wir um die Angabe der Seitenzahl und der Auflagennummer bzw. des Erscheinungsjahres. Besonders hilfreiche Beiträge belohnen wir mit einem Sprachführer Ihrer Wahl aus unserer „Kauderwelsch“-Reihe.

Herzlichen Dank und gute Reisen
Ihr Reise Know-How Verlag

Diesem Buch wurde hier ein herausnehmbarer Faltplan beigefügt.
Sollte er beim Erwerb des Buches nicht mehr vorhanden sein, fragen Sie bitte bei Ihrem Buchhändler nach.

Liebe Leserin, lieber Leser,

ein unabhängiger Verlag für unabhängig Reisende – das sind wir, der Reise Know-How Verlag aus Bielefeld, eines der letzten Familienunternehmen in der Branche. Obwohl wir zu den größten Reiseführerverlagen Deutschlands gehören, ist der familiäre Umgang miteinander in allen Bereichen des Verlagslebens zu spüren: In der Geschäftsführung in zweiter Generation, in einer wertschätzenden Arbeitsatmosphäre, in der Nähe zu unseren frei arbeitenden Autorinnen und Autoren, im engen Austausch mit unseren Leserinnen und Lesern – und auch in der Zusammenarbeit mit Druckereien in Deutschland, in denen wir ausschließlich und regional unsere Bücher produzieren. Die sollen schließlich erst mit Ihnen auf große Reise gehen.

Alles, was wir in unsere Bücher und Landkarten stecken, soll Ihnen eines ermöglichen: Auf Ihre ganz eigene, individuelle Weise die Welt zu entdecken. Wir wünschen Ihnen viel Freude und unvergessliche Erlebnisse mit diesem Reiseführer.

Es grüßen herzlich
Peter Rump & Wayan Rump

Lieblingsorte

41 Áfitos [E6]

Das an der Nordküste der Halbinsel Kassándra gelegene Áfitos mit seinen historischen Gebäuden, idyllischen Plätzen, beschaulichen Gassen und Aussichtsplattformen hoch über der Küste strahlt außerordentlich viel Flair aus. Das kann man z. B. bei einem Spaziergang und anschließendem Abendessen in einer der zahlreichen Tavernen ausgiebig genießen (s. S. 75).

005mt-sb

44 Nikíti [F5]

Nikíti ist ein lebendiger, moderner Badeort auf der Halbinsel Sithonía mitsamt lang gezogenem Strand, Uferpromenade und einer Urlaubsinfrastruktur, die keine Wünsche offen lässt. Doch Nikíti besitzt auch einen alten Dorfkern, in dem die Uhren noch ein Stück langsamer ticken. Der ideale Ort, um das Beste beider Welten zu vereinen (s. S. 79)!

007mt-dk

45 Néos Marmarás [G6]

Es ist keine Übertreibung, wenn man das an einen Hügel gebaute Néos Marmarás mit seinem Hafen und der Uferpromenade als pittoresk bezeichnet. Sogar im Hochsommer, wenn es viele Urlauber hierherzieht, die die nahen Strandabschnitte zu schätzen wissen, bleibt sich der Ort treu und macht einen ausgesprochen authentischen Eindruck (s. S. 82).

009mt-sb

53 Vourvouroú [G5]

Der Landstrich rund um das kleine Städtchen Vourvouroú besticht mit einer von Landzungen und Sandbänken flankierten Lagune, reizvollen, weitestgehend urtümlichen Stränden und neun fantastischen Inseln, die sich perfekt auf eigene Faust erkunden lassen. Das kristallklare Wasser ist ausnahmslos paradiesisch, weshalb sich hier so mancher Badegast an die Südsee erinnert fühlt (s. S. 94).

008mt-dk

Inhalt

Mein Tipp

Vor der Reise erledigen

› Wer die **Mönchsrepublik Áthos** (s. S. 98) besuchen möchte, sollte sich möglichst früh (bis zu sechs Monate vor der Reise) um die **Einreiseerlaubnis** und die **Unterkunft** kümmern.

Berge und Klöster: die Mönchsrepublik Áthos (s. S. 98) vom Wasser aus

Bewertung der Sehenswürdigkeiten

★★★ nicht verpassen
★★ besonders sehenswert
★ wichtig für speziell interessierte Besucher

Planquadrat im Kartenmaterial

[A1] Orte ohne diese Angabe liegen außerhalb unserer Karten. Ihre Lage kann aber wie die aller Ortsmarken mithilfe der begleitenden Web-App angezeigt werden (s. Anhang).

Updates zum Buch

www.reise-know-how.de/meintrip/chalkidiki24

☒ Bilderbuchidylle gibt es zuhauf, wie hier in Néa Róda 20 (036mt-sb)

Benutzungshinweise

Orientierungssystem

Die in den folgenden Kapiteln beschriebenen Attraktionen sind jeweils mit einer **fortlaufenden magentafarbenen Nummer (1)** gekennzeichnet, die sich als Ortsmarke im Faltplan oder Ortsplan wiederfindet. Steht die Nummer im Fließtext, verweist sie auf die ausführliche Beschreibung dieser Attraktion.

Alle weiteren Points of Interest wie Unterkünfte, Restaurants oder Cafés tragen ein **Symbol und eine fortlaufende rote Nummer (1)**.

Die Angabe in **eckigen Klammern** verweist auf das Planquadrat im Faltplan bzw. auf die Seitenzahl des Ortsplans. Beispiele:
26 Arnéa ★★★ [E2]
28 [S. 144] **Takadum** €-€€

Befinden sich Points of Interest außerhalb der Ortspläne, kann ihre Lage wie die aller Ortsmarken mithilfe der **begleitenden Web-App** (s. S. 143) angezeigt werden: **www.reise-know-how.de/meintrip/chalkidiki24**

Der Schmetterling ...
... zeigt an, wo man besonders gut Natur erleben kann oder Angebote im Bereich des nachhaltigen Tourismus findet.

Kinder-Tipps
Das Symbol kennzeichnet Sehenswertes, Unterkünfte und Aktivitäten, an denen auch kleine Urlauber ihre Freude haben.

Preiskategorien

Unterkünfte
Die Preise gelten für ein Doppelzimmer mit Frühstück.

€	bis 100 €
€€	100–150 €
€€€	ab 150 €

Gastronomie
Die Angaben beziehen sich auf zwei Hauptgerichte mit Getränk.

€	bis 30 €
€€	30–60 €
€€€	ab 60 €

Vorwahlen

- **Deutschland:** 0049
- **Griechenland:** 0030
- **Österreich:** 0043
- **Schweiz:** 0041

Die Telefonnummern in diesem Buch sind stets mit der entsprechenden Ortsvorwahl, die immer mitgewählt werden muss, aber ohne die Ländervorwahl Griechenlands angegeben.

Weitere Benutzungshinweise (griechische Schreibweisen, Adressangaben ...) s. S. 139.

010mt-sb

Chalkidikí – ein Porträt

Chalkidikí (auch Halkidiki, gesprochen mit Rachenlaut wie in „Bach") bezeichnet die rund 2918 km² messende Halbinsel, die sich südöstlich von Thessaloníki, der zweitgrößten Stadt des Landes, erstreckt. Charakteristisch für die nordgriechische Region sind die drei Landzungen, die fingerförmig ins Meer ragen. Seit vielen Jahrzehnten ist die Chalkidikí ein wahres Schwergewicht des Fremdenverkehrs und zählt dank ihrer mehr als 550 km langen Küstenlinie zu den beliebtesten Zielen für Sonnenhungrige und Badefreunde.

Vorseite: Ruhiger Standort am Meer – das entspannte Pirgadíkia 27

011mt-sb

Als Teil des historischen **Makedonien** war Chalkidikí bereits im **Altertum** eine wichtige Kulturlandschaft, die von Athenern, Spartanern, Persern und dem makedonischen König Philipp II. sowie seinem Sohn Alexander dem Großen heiß umkämpft war. Unter den Byzantinern und Osmanen war die Region speziell wegen des Bergbaus begehrt, ab Anfang des 20. Jh. siedelten sich immer mehr griechischstämmige Flüchtlinge aus Kleinasien an.

Während das bergige Inland und der östlichste Finger von **dichten Wäldern und wilder Natur** geprägt ist, preist man die beiden anderen Landzungen besonders für ihre **bilderbuchhaften Sandstrände und idyllischen Buchten**, die von aquamarinfarben schillerndem Wasser umspült werden.

Thessaloníki und Umgebung

Traumhaft am Ufer des Thermaischen Golfs gelegen, bietet Thessaloníki (s. S. 18) mit seinen Ausgrabungsstätten, Museen und Kirchen **Kunst und Kultur** vom Feinsten. Hier geht es großstädtisch und temperamentvoll zu. Überall finden sich Überreste der römischen, byzantinischen, osmanischen und modernistischen Epochen. Dank der Tatsache, dass hier die **größte Universität Griechenlands** ihren Sitz hat, mutet die Stadt aber auch erstaunlich jung an und glänzt mit einem lebhaften **Nachtleben.** Berühmt ist die hiesige **Gastronomie,** denn kaum irgendwo sonst im Land waren die kulinarischen Einflüsse so vielfältig. Auch **Shoppingfans** kommen in der Metropole nicht zu kurz.

Thessaloníki lockt mit geschichtsträchtigen Bauten wie der Rotónda 5

Zentralregion Chalkidikí – der Westen

Die westliche Zentralregion (s. S. 29) erstreckt sich südlich der Bucht von Thessaloníki 7 und wirkt stellenweise recht urban, denn viele Siedlungen gelten als Vororte der zweitgrößten Stadt Griechenlands und auch der **Hauptort** der Verwaltungseinheit, das geruhsame **Polígiros** 10, liegt hier. Die **Küstenlinie**, die sich nach Süden zieht, bietet attraktive Strandabschnitte, die recht wenig bevölkert sind. Im **Landesinneren** finden sich bekannte Sehenswürdigkeiten wie die **Tropfsteinhöhle von Petrálona** 12 oder die **Ausgrabungsstätte des antiken Ólinthos** 15.

012mt-dk

Zentralregion Chalkidikí – der Osten

Die östliche Zentralregion (s. S. 41) bildet einen hügeligen, dicht bewaldeten Landstrich, der zu ausgiebigen **Wanderungen** einlädt. Vielerorts können historisch Interessierte noch Aufschlussreiches über die bewegte Geschichte der Region erfahren, so z. B. im **antiken Stágira** 24, wo **Aristoteles** (s. S. 32) geboren wurde. Auch die lokalen **Traditionen** sind in dieser Region nach wie vor lebendig. Ihnen kann man etwa beim Besuch der Schiffsbauer von **Ierissós** 21 oder der Landwirte in **Arnéa** 26 auf die Spur kommen. Entlang der Küsten locken selten überlaufende **Badeorte**, während man sich bei Interesse an der Mönchsrepublik Áthos (s. S. 98) in das lebendige Hafenörtchen **Ouranoúpoli** 17 aufmachen sollte.

Der Fischfang ist in der Region nach wie vor von Bedeutung

Halbinsel Kassándra

Der **westliche „Finger“** namens Kassándra (s. S. 58) gilt als Inbegriff der Urlaubsregion Chalkidikí. Ein Riesenangebot an Gastronomie, Unterkünften und Nachtleben machen die knapp 50 km lange Landzunge zum angesagten Ziel für all jene, die **Erholung, Spaß und Action** miteinander verbinden möchten. Ob man im luxuriösen Resort in **Sáni** 30 oder in einen klassischen Badeort an der Nordküste zwischen **Pefkochóri** 38 und **Néa Fókea** 42 sein Quartier bezieht – die Optionen sind vielfältig. Mit den **abgelegenen Stränden um Posídi** 34 und diversen **Wandergebieten** bietet die Kassándra auch Abenteurern und Aktivurlaubern einiges. Weitestgehend weltfern geht es rund um **Palioúri** 37 und den **Kap Kanastréo** (s. S. 70) genannten Ostzipfel der Halbinsel zu. Der ideale Ort für ein romantisches Dinner mit Meerblick ist das entzückende **Áfitos** 41, wo die Uhren langsam ticken.

Steckbrief Chalkidikí und Thessaloníki

- **Lage:** südöstlich von Thessaloníki, zwischen dem Thermaischen und dem Strymonischen Golf
- **Einwohner:** ca. 102.000 (Chalkidikí), ca. 825.000 (Thessaloníki)
- **Fläche:** ca. 2918 km² (Chalkidikí), ca. 112 km² (Thessaloníki)
- **Bevölkerungsdichte:** 35 Einw./km² (Chalkidikí), 7366 Einw./km² (Thessaloníki)
- **Regionalhauptstadt:** Polígiros 10
- **Küstenlänge:** ca. 550 km
- **Höchste Erhebungen:** Áthos [J5] (2033 m), Cholomóndas [E3] (1165 m)
- **Anzahl der Olivenbäume:** ca. 6 Mio.
- **Jahresproduktion von Oliven:** 80.000–120.000 Tonnen
- **Jahresproduktion von Olivenöl:** knapp 8 Mio. Liter

Halbinsel Sithonía

Als **mittlerer „Finger"** ist die Halbinsel Sithonía (s. S. 77) zunächst dank ihrer **einladenden Strände** am glasklaren Meer beliebt. In den größeren Orten wie **Nikíti** 44, **Néos Marmarás** 45 und **Sárti** 52 geht es trubelig zu, während man es an den Buchten von **Toróni** 48 oder **Vourvouroú** 53 selbst in der Hauptsaison meist nicht allzu schwer hat, ein einsames Plätzchen zu finden. Bekannt ist die Sithonía auch für ihr **ruhiges Hinterland** mit dem zentralen Gebirgskamm **Ítamos** [G5–6] und dem idyllischen Bergdorf **Parthenónas** 46.

Autonome Mönchsrepublik Áthos

Als Oasen der Stille und Einkehr bestehen die **orthodoxen Klöster** auf dem östlichen „Finger" der Chalkidikí rund um den **heiligen Berg Áthos** [J5] (s. S. 98) seit über 1000 Jahren.

Hier erhält man einen überraschend tiefen Einblick in den Alltag der Mönche, von denen manche zeitweise in völliger Askese leben. **Wanderungen** an den Hängen des 2033 m hohen Áthos versprechen ein Naturerlebnis höchster Güte. Allerdings muss ein Besuch in der autonomen Mönchsrepublik gründlich geplant werden und ist **nur Männern** gestattet (s. S. 102).

Unterkunft finden

Als gefragte touristische Destination verfügt die Region Chalkidikí über Übernachtungsmöglichkeiten aller Kategorien. Je nach Saison und Ort können die Preise recht unterschiedlich sein. Speziell zwischen November und Mitte April bleiben viele Adressen wegen Renovierungsarbeiten geschlossen. Eine **Vorausbuchung** empfiehlt sich das ganze Jahr über. Alle Ortschaften der Region erheben eine **Übernachtungsabgabe**, die unterschiedlich hoch ausfallen kann.

Die besten Standorte

Wer mehrere Attraktionen erkunden möchte, mag sich fragen, welche Orte besonders gut als Ausgangsbasis geeignet sind. Durch die überschaubare Größe der Chalkidikí ist kein in diesem Buch beschriebener Standort generell abzulehnen, doch gerade, wenn man neben Strand und Meer noch etwas mehr **Infrastruktur** wünscht und wenn man auf **öffentliche Verkehrsmittel** (s. S. 16) angewiesen ist, haben bestimmte Orte ihre Vorzüge.

In der **Zentralregion** sind das z. B. Néa Moudaniá 14, Ouranoúpoli 17, Ierissós 21 oder Olimbiáda 23 an der Ostküste, die allesamt nette Ortskerne mit Tavernen, Shops u. v. m. bie-

Meine Literaturtipps

- Heinemann, Mirko: **Die letzten Byzantiner: Die Vertreibung der Griechen vom Schwarzen Meer** (2019). Der Autor begibt sich auf eine Spurensuche, um der Geschichte seiner Großmutter nachzuforschen, die als Griechin 1917 aus dem Osmanischen Reich vertrieben wurde und somit das Schicksal zahlloser Einwohner Chalkidikís teilte.
- Hislop, Victoria: **Eine Geschichte von Liebe und Feuer** (2012). Ein fesselnder und brillant recherchierter Roman, der 100 Jahre Geschichte Thessaloníkis umfasst. Der junge, in England aufgewachsene Mitsos erfährt von der Vergangenheit seiner Großeltern in der Stadt und geht diesem Erbe auf den Grund.
- Nahmia, Nina: **Réina Gilberta: Ein Kind im Ghetto von Thessaloníki** (2009). Erinnerungen einer griechisch-jüdischen Familie vor dem Abgrund des Holocaust. Die Autorin stellt parallel zum Erzählstrang der Familiengeschichte fast 500 Jahre jüdische Historie in der Stadt dar.
- Nußbaumer, Heinz: **Der Mönch in mir: Erfahrungen eines Athos-Pilgers für unser Leben** (2017). Eine Liebeserklärung an die Stille und die Spiritualität anhand von Erfahrungen des Autors auf zahlreichen Pilgerreisen durch die Mönchsrepublik.

Keine Lust auf große Hitze? Auch abseits der Hauptsaison öffnen viele Tavernen, wie hier in Kalamítsi 50.

ten. Wer es eher ruhig mag, findet um Pirgadíkia 27, in Develíki 28 oder an der Westküste zwischen Néa Michanióna 8 und Néa Kallikrátia 13 Küstenabschnitte ohne großen Trubel.

Auf der **Halbinsel Kassándra** sind vor allem die Orte an der Ostküste wie Pefkochóri 38, Chanióti 39, Políchrono [E6], Kallithéa 40 und natürlich Áfitos 41 äußerst abwechslungsreich. Andernorts ist man entweder ohnedies in einem Resort untergebracht oder auf ein eigenes Fahrzeug angewiesen.

Auf der **Halbinsel Sithonía** sind Nikíti 44, Néos Marmarás 45, Toróni 48, Sárti 52 und Vourvouroú 53 nicht nur für ihre wundervollen Strände, sondern auch für ihre umfassende Infrastruktur bekannt. Wer die Stille schätzt, findet um Skála Sikiás 51 und an den Küstenstreifen zwischen den Hauptorten nette Unterkünfte und meist viel Platz für sich allein. Einzigartig ist außerdem das ruhige Bergdörfchen Parthenónas 46 abseits der Touristenzentren.

Und was ist mit **Thessaloníki?** Nun, auch wenn die Verkehrsanbindung in die Region Chalkidikí gut ausgebaut ist, so sind deren Strände doch für Tagestouren zu weit entfernt, weshalb man einen Aufenthalt besser als Ergänzung, z. B. am Anfang oder Ende einer Chalkidikí-Reise, einplanen sollte.

014mt-sb

Die besondere Unterkunft

Die Unterkunftsempfehlungen in diesem Reiseführer sind ausschließlich Adressen, die sich in irgendeiner Form vom „üblichen“ Angebot abheben. Detaillierte Infos erhält man auch auf der Website **www.halkidiki-hotels.gr.**

1 Afitis Boutique Hotel €€-€€€, am Strand von Áfitos 41, Halbinsel Kassándra, Tel. 02374 091233, www.afitis-hotel.gr. **Mit Liebe zum Detail:** Mit 50 charmanten Deluxe-Zimmern gehört das Afitis zu den kleineren Unterkünften im Ort. Entsprechend ist der Service sehr persönlich und zuvorkommend. Ein Außenpool und eine Parkanlage laden zum Entspannen ein.

2 Agramada €, direkt an der Landstraße, südlich von Paleochóri, Zentralregion, Tel. 2372032151, www.agramada.com. **Inmitten der Natur:** Zu diesem im Wald gelegenen Bed & Breakfast gehört neben einer Auswahl

Klassisch, zentral und gut: das Electra Palace in Thessaloníki

an geschmackvollen, individuell gestalteten Zimmern auch zwei Baumhäuser für 3 bzw. 4 Pers., die sich perfekt eignen, um umgeben vom Geäst der Bäume abzuschalten.

3 Chorostasi Guest House €-€€, Parthenónas 46, Halbinsel Sithonía, Tel. 2375072890, https://horostasi.gr. **Wie anno dazumal:** Im beschaulichen Bergdorf befindet sich dieses komplett renovierte historische Steinhaus mit vier schmucken Zimmern, lauschigem Innenhof samt Terrasse und äußerst freundlichen, hilfsbereiten Betreibern. Auch Ausflüge und andere Aktivitäten werden organisiert.

4 Ekies All Senses Resort €€€, Vourvouroú 53, Halbinsel Sithonía, Tel. 2375091000, https://ekies.gr. **Erholung für alle Sinne:** In diesem Designhotel fällt das zur Ruhe kommen leicht. Die Zimmer und Suiten sind alle äußerst stilvoll und individuell nach dem Feng-Shui-Prinzip gestaltet und man entspannt am Pool, Strand oder bei zahlreichen Wellness-Angeboten.

5 [S. 144] **Electra Palace** €€€, Pl. Aristotélous 9, Thessaloníki, Tel. 2310294000, www.electrahotels.gr. **Das Traditionshaus Thessaloníkis:** Das seit 1962 bestehende Electra Palace ist eine der geschichtsträchtigsten Unterkünfte der Stadt. Es gibt 138 im klassischen Stil eingerichtete Zimmer oder Suiten, ein viel gelobtes Restaurant, eine einmalige Rooftop-Bar mit Blick über das Meer sowie Indoor- und Outdoor-Pools.

6 Hotel Liotopi €€-€€€, in Strandnähe, Olimbiáda 23, Zentralregion, an der Westküste, Tel. 2376051257, www.hotel-liotopi.gr. **Exzellente Küche:** Boutiquehotel im Landhausstil im Ort Olimbiáda mit unterschiedlich gestylten Zimmern. Besonders ist hier auch das kulinarische Angebot vom Frühstück bis zu Mittag- und Abendessen. Einmal in der Woche werden Kochkurse veranstaltet.

7 Oikia Alexandrou Traditional Inn €€, Kirchplatz, Arnéa 26, Zentralregion, Tel. 6944641656, https://oikia-alexandrou-traditional-inn.business.site. **Zeitreise inklusive:** Im Zentrum Arnéas ist diese in einem historischen osmanischen Gebäude untergebrachte, familiengeführte Pension zu finden. Die einladenden Zimmer sind allesamt im Stil des ausgehenden 19. Jh. dekoriert.

8 Platanorema Farm €€, an der Landstraße Epar. O. Poligírou Ierissoú, ca. 7 km nördlich von Pirgadíkia 27, Zentralregion, Tel. 6944526416, https://platanorema.com. **Urlaub auf dem Bauernhof:** Auf dieser im Inland gelegenen Farm wohnt man in einfachen, gemütlichen Bungalows. Es gibt einen Zoo, zahlreiche Sportplätze und verschiedenste Freizeitangebote, vom Ausritt per Pferd bis zu geführten Wanderungen und Kochkursen.

9 Sani Resort €€-€€€, in der Bucht von Sáni 30, direkt am Strand, Halbinsel Kassándra, Tel. 2374110700, https://sani-resort.com/de. **Ideal für Familien mit Kindern:** Liebhaber von Resorthotels können hier nichts falsch machen. In der riesigen Anlage in Sáni stehen fünf äußerst gepflegte Hotels verschiedener Kategorien zur Auswahl. Zahlreiche Restaurants, Boutiquen, Pools, mehrere Strände, eine Marina, Sportanlagen (Kletterpark etc.) u. v. m. lassen außerdem keine Wünsche offen. Mit Kinderbetreuung, Babyschwimmen, Buggys zum Ausleihen. Kinder unter 12 Jahren wohnen kostenfrei.

10 Skites €€, südöstlich von Ouranoúpoli 17, Zentralregion, an der Küste, Tel. 2377071140, www.skites.gr. **Rückzug auf Zeit:** Stilvolle Bungalowanlage mit idyllischem Garten zwischen Ouranoúpoli und der Grenze zur Mönchsrepublik. Inmitten eines Naturschutzgebiets gelegen, ist Ruhe und Erholung hier garantiert. Es gibt einen Pool und Zugang zu einem Kiesstrand.

Wie die Region am besten erkunden?

Das eigene **motorisierte Fahrzeug** ist nach wie vor die praktikabelste Art der Fortbewegung, auch wenn das Fahren während der Hauptsaison aufgrund überfüllter Park- und Campingplätze sowie voller Straßen häufig eine Belastung darstellt.

Wer einen **Mietwagen** braucht, sollte diesen schon vor dem Abflug buchen und am Flughafen in Empfang nehmen. Vermieter finden sich auch in kleineren Orten, doch sind die Preise dort erfahrungsgemäß höher. Um einen Pkw o.Ä. zu mieten, muss man zwischen 21 und 75 Jahre alt sein und über einen Führerschein sowie eine Kreditkarte verfügen.

Grundsätzlich ist das öffentliche Verkehrsnetz zufriedenstellend. So verkehren praktisch überall auf der Chalkidikí **Busse,** die von KTEL betrieben werden. Sämtliche Linien starten und enden allerdings sternförmig am **KTEL-Chalkidikí-Busbahnhof** (s.S. 125) südlich des Stadtkerns von **Thessaloníki.** Entsprechend muss man bei lokalen Fahrten – z.B. von der Halbinsel Kassándra nach Sithonía oder an die Ostküste – abwägen, ob es sinnvoller ist, öfters umzusteigen oder zunächst nach Thessaloníki zu reisen und dann von dort das gewünschte Ziel anzufahren. Größere **Busbahnhöfe,** die auch als Umsteigepunkte fungieren, gibt es ferner in **Polígiros** ⑩ und **Néa Moudaniá** ⑭.

Die meist sehr günstigen **Bustickets** kauft man an den besagten Busbahnhöfen am Schalter, beim Busfahrer oder als digitales Ticket per **App** (s.S. 129). Als Alternative zum Bus bieten sich **Taxis** an.

› **KTEL:** https://ktel-chalkidikis.gr, Tel. 2310316555

Komfortabel und äußerst günstig: per Bus über die Chalkidikí

016mt-sb

017mt-dk

Thessaloníki und Umgebung

Θεσσαλονίκη

Griechenlands zweitgrößte Stadt liegt wie im Bilderbuch am Ufer des Thermaischen Golfs gegenüber dem sagenumwobenen Olymp. Mit ihren Ausgrabungsstätten, Museen, Kirchen und einstigen Moscheen zieht sie Archäologie-, Kunst- und Kulturfans gleichermaßen in den Bann. Die Einflüsse der Römer, Byzantiner, Venezianer und Osmanen sind allgegenwärtig. Als lebendige Universitätsstadt hat Thessaloníki außerdem eine erstaunliche Nightlife-Szene zu bieten und dank des Einflusses der Einwanderer aus Kleinasien gilt die Stadt nicht zuletzt als heimliche Gastro-Hauptstadt des Landes.

Man unterscheidet die Untere und die Obere Altstadt. Die **Untere Altstadt** – auf Griechisch **Káto Póli** oder einfach **Kéndro** („Zentrum") – erstreckt sich von der Küste des Thermaischen Golfs bis etwa zur Straße Odós Agíou Dimitríou. Sie präsentiert sich großstädtisch und ist sowohl in Sachen Gastronomie und Shopping als auch hinsichtlich Architektur und Kultur „the place to be". Hier finden sich zahlreiche Überreste der römischen und byzantinischen Epochen, viele Gebäude sind aber auch neoklassizistisch und im Stil des Art déco gehalten. Dies geht auf den französischen Architekten und Städteplaner **Ernest Hébrard** zurück, der für den Wiederaufbau Thessaloníkis nach dem verheerenden Stadtbrand von 1917 verantwortlich zeichnete.

◁ *Vorseite: Wer braucht da Photoshop? Die Bucht von Kalamítsi* (50).

Nordwestlich der Unteren Altstadt liegt das **Hafenviertel.** Es besteht zum Großteil aus den nicht der Allgemeinheit zugänglichen Frachtterminals und den Verladekais. Hier befindet sich jedoch auch das Freizeitgelände **Pier 1** (3) mitsamt dem beliebte Szeneviertel **Ladádika.**

Östlich des Hafens erstreckt sich die Leofóros Níkis genannte **Uferstraße** mit einem überbordenden Angebot an Bars und Restaurants über mehr als 1 km bis zum **Weißen Turm** (4) und setzt sich dann in Form der verkehrsberuhigten **Néa Paralía** (**Neuen Uferpromenade**) fort.

Nördlich der Unteren Altstadt liegt die hügelige **Áno Póli,** die malerische **Obere Altstadt.** Dort geht es entspannt zu und man findet großartige Kirchen und Klöster, aber auch die von stattlichen Mauern umringte Festung **Kástro** (6) sowie die darin thronende Zitadelle.

Sehenswertes in der Stadt

(1) Platía Aristotélous und Odós Tsimiskí ★★★ [S. 144]

Πλατεία Αριστοτέλους και Οδός Τσιμισκή

Der Nabel Thessaloníkis ist der nach dem Philosophen **Aristoteles** (s. S. 32) benannte schmucke **Hauptplatz,** der mit seinen Cafés und den Schatten spendenden Arkaden zum Verweilen einlädt. Kein Besuch der Stadt wäre ohne eine zumindest kurze Verschnaufpause auf der großzügig in Halbovalform angelegten Platía Aristotélous vollkommen. Das ganze Jahr über finden hier in regelmäßigen Abständen zahlreiche **Veranstaltungen** statt.

Flankiert wird der elegante Platz von **herrschaftlichen Gebäuden,** von denen die meisten aus den 1930er-

bis 1960er-Jahren stammen. Am südlichen Ende der Platía, wo die Leofóros Níkis das Ufer begrenzt, sind viele schicke **Lokale** angesiedelt, von denen manche bis spät in die Nacht geöffnet haben. Hier lädt außerdem die **Bronzestatue** des namensgebenden Philosophen zu einem Selfie ein. Am nördlichen Ende der verkehrsberuhigten Platía befindet sich die **Touristeninformation** (s. S. 26).

Vom Platz aus zieht sich die von prachtvollen Bürgerhäusern, Geschäften und Lokalen gesäumte **Odós Aristotélous** in Richtung Stadtinneres. Die autofreie Straße ist zweifelsohne die berühmteste Flaniermeile der Stadt. Sie verläuft nach Norden und endet nach etwa 450 m an der pulsierenden **Odós Egnatía.** Gekreuzt wird sie dabei ein paar Mal, z. B. von der für ihre eleganten Boutiquen bekannten **Odós Mitropóleos** und der viel befahrenen **Odós Tsimiskí,** der größten und wohl bekanntesten **Einkaufsstraße** Thessaloníkis. Hier locken die Flagship-Stores bekannter Modeketten und eine große Anzahl gastronomischer Adressen.

Wer sich nach etwas **Spiritualität** sehnt, der sollte die eindrucksvolle **Agía Sofía** besuchen, die man über die Odós Ermoú erreicht. Die Ursprünge der der „heiligen Weisheit" geweihten, dreischiffigen Basilika gehen auf das 8. Jh. zurück.

11 [S. 144] **Agía Sofía,** Pl. Agías Sofías, Tel. 2310270253, www.agiasofia.info, April–Sept. tägl. 7–13 und 17–18.30 Uhr, Okt.–März tägl. 7–12 und 17–18.30 Uhr, Eintritt frei

2 Kapáni-Markt ★★★ [S. 144]

Αγορά Καπάνι

Der Kapáni-Markt nordwestlich der Odós Aristotélous ist ein quirliges Sammelsurium aus verschiedenen **Lebensmittelständen,** aber auch Textilien-, Schuh-, Devotionalien- und Haushaltswarenläden, die dicht beieinander ihre Waren feilbieten. Auffallend ist neben dem bunten Treiben insbesondere das breite Angebot an

Aus allen Blickwinkeln eindrucksvoll: die Platía Aristotélous

typisch **griechischen Produkten,** weshalb sich ein Besuch des Marktes durchaus auch für Souvenir- und Geschenkjäger empfiehlt.

Von frühmorgens bis etwa 14 Uhr ist das Areal am lebendigsten. Dann ist es eine wahre Freude, durch das **Gassenlabyrinth** zu wandeln, die fremden Gerüche zu erschnuppern, den lauthals anpreisenden Händlern zuzuhören und sich voll und ganz der belebten Atmosphäre hinzugeben. Dabei besteht das ein paar Hundert Quadratmeter große Marktviertel aus mehreren, teilweise **überdachten Gassen** und dem zentralen **Kapáni-Platz,** auf dem sich auch einige einfache **Tavernen und Cafés** finden.

Überquert man südlich des Marktes die Odós Ermoú, erreicht man die zwischen 1922 und 1930 erbaute **Markthalle Agora Modiano** (s. S. 25), die neben weiteren Feinkostgeschäften auch eine Vielzahl von Lokalen beherbergt.

› O. Egnatía oder O. Ermoú, https://kapani.gr, Läden meist Mo–Sa 7–18 Uhr geöffnet

019mt-sb

③ Pier 1 und Ladádika ★★★ [S. 144]

Προβλήτα Α΄ και Λαδάδικα

Folgt man von der Platía Aristotélous ① der Küstenstraße nach Nordwesten, erkennt man den über 300 m langen **Pier 1,** an dessen Westspitze noch ein alter **Verladekran** in den Himmel ragt. Seit Thessaloníki 1997 Europas Kulturhauptstadt war, steht diese Hafenmole am Thermaischen Golf mit ihren zu Museen umgewandelten Lagerhallen für ein spannendes Zusammenspiel aus Kunst und Industriedesign.

Die **Lagerhalle A1** beherbergt das **Cinema Museum** und das **Museum für Fotografie.** In der gegenüberliegenden **Lagerhalle B1** ist das **Staatliche Museum für zeitgenössische Kunst** mit wechselnden Ausstellungen zu experimenteller Kunst zu Hause. Wen der Durst oder Hunger plagt, der kann hier in der schicken **Kitchen Bar** (s. S. 24) einkehren.

Nördlich des Hafenareals, wo sich das **Ladádika** genannte Viertel anschließt, finden sich viele weitere Lokale. Seinen Namen hat das Quartier vom griechischen Ládi („Öl"), denn hier befand sich einst Thessaloníkis **Hauptumschlagplatz für Olivenöl.** In den späten 1990er-Jahren fand eine weitreichende **Gentrifizierung** statt, bei der die ehemaligen Geschäftshäuser der Händler aufwendig restauriert wurden. Mittlerweile ist das Viertel dank seiner hohen Dichte an Bars, gemütlichen Tavernen und Restaurants – viele davon rund um die hüb-

◁ *Frisch und lokal: die Waren auf dem Kapáni-Markt ②*

▷ *Der Weiße Turm ist das unangefochtene Wahrzeichen Thessaloníkis*

020mt-sb

sche **Platía Morichóvou** gelegen – das Zentrum der lokalen **Nightlife-Szene.** Anders als das Zentrum strahlt Ladádika jedoch mit seinen gepflasterten, verkehrsberuhigten Gassen durchaus noch etwas von der Atmosphäre des alten Thessaloníki aus.

M12 [S. 144] **Cinema Museum,** Pier 1, Lagerhalle A1, Tel. 2310508398, www.filmfestival.gr/en/museum/visit, Mo/Di 9–15, Mi–Fr 9–19 Uhr, Eintritt: 2 €, erm. 1 €

M13 [S. 144] **Museum of Photography,** Pier 1, Lagerhalle A1, Tel. 2310566716, www.thmphoto.gr, Di–So 11–19, Fr 11–20 Uhr, Eintritt: 2 €, erm. 1 €

M14 [S. 144] **State Museum of Contemporary Art – Experimental Center for the Arts,** Pier 1, Lagerhalle B1, Tel. 2310593270, www.momus.gr/en/momus/experimental, Di–So 10–18, Do 12–20 Uhr, Eintritt: 3 €, erm. 2 €

4 Weißer Turm und Neue Uferpromenade ★★★ [S. 144]

Λευκός Πύργος και Νέα Παραλία

Der 33 m hohe, aus hellem Naturstein gebaute **„Weiße Turm" (Lefkós Pírgos)** direkt am Ufer, etwa 900 m von der Platía Aristotélous 1 entfernt, ist das wohl **meistfotografierte Wahrzeichen** der Stadt. Er stammt aus der ersten Hälfte des 15. Jh. und war als südöstlicher **Wachturm** Teil der Stadtmauer, zeitweise aber auch ein gefürchtetes osmanisches **Gefängnis.**

Das gewaltige Rundbauwerk birgt heute ein **Museum** mit Ausstellungsräumen auf sechs Stockwerken. Zu sehen sind historische Artefakte, ergänzt um aufschlussreiche, multimedial aufbereitete Informationen.

Direkt vor dem Turm kann man zu einer etwa halbstündigen **Bootstour** mit einer der hier ankernden **Karavellen** aufbrechen – bei Konsum eines Getränks ist die Fahrt kostenlos.

Für das leibliche Wohl sorgen **Imbissstände** und fliegende Händler, die Snacks wie die überaus geschätzten Sesamringe namens Kouloúri verkaufen.

Nach Süden verläuft über etwa 3 km die verkehrsberuhigte **Neue Uferpromenade (Néa Paralía),** einer der angenehmsten Orte der Stadt, egal ob zum Bummeln oder zur sport-

MEIN TIPP

Spannende Vergangenheit: die historischen Museen der Stadt

Östlich der Uferpromenade **Néa Paralía** 4, etwa auf der Höhe des Reiterstandbilds Alexanders des Großen, locken die beiden wohl beachtlichsten Museen Thessaloníkis, die zu den bedeutendsten in Griechenland zählen.

Da ist zunächst das **Archäologische Museum,** das sich in sieben nach Themen sortierten Ausstellungssälen auf zwei Etagen mit den Anfängen der antiken Zivilisation bis zur römischen Epoche in Makedonien auseinandersetzt.

Praktisch fast daneben befindet sich das **Museum der byzantinischen Kultur,** das anhand zahlreicher Exponate, die in elf Sälen nach Themen angeordnet sind, spannend über die Zeit zwischen dem 4. und 15. Jh. informiert.

- M **15** [S. 144] **Archäologisches Museum (Archeologikó Musío),** O. Manóli Andrónikou 6, Tel. 2313310201, www.amth.gr, April–Okt. tägl. 8–20, Nov.–März 8.30–15.30 Uhr, Eintritt: 8 € (Nov.–März 4 €), erm. 4 €
- M **16** [S. 144] **Museum für Byzantinische Kultur (Musío Vizantinoú Politismoú),** Leof. Stratoú 2, Tel. 2313306400, https://mbp.gr, April–Okt. tägl. 8–20, Nov.–März tägl. 9–16 Uhr, Eintritt: 8 € (Nov.–März 4 €), erm. 4 €

lichen Betätigung. Der **Ausblick** auf das Meer und die gegenüberliegende Küste mit dem Olymp ist schlichtweg wunderbar! Der Abschnitt auf der meeresabgewandten Seite besteht voriwegend aus **Botanischen Gärten und Parks,** die beachtliche 24 ha Grünfläche ausmachen. Fast 2400 Bäume und 118.000 weitere Pflanzen wurden hier gesetzt, Biotope angelegt und Tiere wie Frösche und Schildkröten angesiedelt. Manche der insgesamt zwölf Gartenanlagen verfügen über Soundanlagen, andere sind mit Skulpturen oder modernen Kunstobjekten geschmückt.

Zu den Sehenswürdigkeiten entlang der Uferpromenade zählen das 6 m hohe bronzene **Reiterstandbild Alexanders des Großen** im nördlichen Abschnitt und etwas weiter südlich das **Ombréles** (auch „The Umbrellas") genannte Kunstwerk von Giorgos Zongolopoulos (1901–2004), dessen 40 Regenschirme auf zwölf Masten bis zu 13 m in die Höhe ragen.

› **Weißer Turm (Lefkós Pírgos),** Néa Paralía, Tel. 2310267832, www.lpth.gr, April–Okt. tägl. 8–20, Nov.–März tägl. 8.30–15.30 Uhr, Eintritt: 8 € (Nov.–März 4 €), erm. 4 €

5 Galerius-Palast, Galerius-Bogen und Rotónda ★★ [S. 144]

Ανάκτορα του Γαλέριου, Αψίδα του Γαλέριου και Ροτόντα

Im Ostteil der Unteren Altstadt finden sich bauliche Überreste aus der Zeit des **römischen Kaisers Galerius** (250–311). Nachdem dieser eine vorbildliche militärische Laufbahn in der römischen Armee absolviert hatte, wurde er im Zuge der Tetrarchie genannten Viererherrschaft zunächst zum Mitkaiser *(Caesar)* für den Osten des Reiches und 305 zum Kaiser ernannt. Galerius residierte hauptsächlich in Thessaloníki, wovon die **Relikte seines Palastes** im Ausgrabungsgelände an der Odós Dimítriou Goúnari genannten Fußgängerzone zeugen. Man spaziert auf **Holzstegen** durch dieses archäologische Schlaraffenland im Zentrum einer seit mehr als 2300 Jahren durchgängig bewohnten Stadt.

Mit dem Ticket des Galerius-Palastes kann man auch das **Römische**

Forum besuchen, ein offenes Ausgrabungsgelände nördlich des Platzes Platía Dikastiríon. Archäologen gehen davon aus, dass das Forum einst das Zentrum des politischen und öffentlichen Lebens in der Stadt war.

Etwas weiter nördlich verläuft die viel befahrene Odós Egnatía, wo sich der **Galerius-Bogen** erhebt, der an seiner höchsten Stelle 15 m misst. Der auch **Kamára** genannte **Triumphbogen** wurde Anfang des 4. Jh. in Erinnerung an den Feldzug gegen den Perserkönig Narseh sowie die vernichtende Schlacht von Satala errichtet und zeigt reliefartige Szenen der ruhmreichen Siege des Kaisers.

Wenige Meter dahinter erkennt man bereits die **Rotónda** mit ihrem eindrucksvollen Kuppeldach. Der ursprünglich als Mausoleum für den Imperator errichtete **Rundbau aus Backstein** wurde gegen Ende des 4. Jh. als Kirche geweiht und ist damit eines der ältesten Gotteshäuser weltweit. Heute finden in dem Bau zwar immer noch sporadisch Gottesdienste statt, doch in erster Linie ist die Rotónda ein **Museum für frühchristliche Kunst**, in dem nicht zuletzt die atemberaubenden **Mosaike auf Goldgrund** in der im Durchmesser 25 m umfassenden Kuppel sehenswert sind.

★17 [S. 144] **Galerius-Palast,** Pl. Navarínou/Ecke Odós Lórdou Víronos, Tel. 2313310400, http://galeriuspalace.culture.gr/en, Di–So 8.30–15 Uhr, Eintritt: 4 €, erm. 2 €

18 [S. 144] **Römisches Forum,** O. Agnóstou Stratiótou, Tel. 2313310400 und 2310221260, Mi–Mo 8.30–15.30 Uhr, Eintritt: 4 €, erm. 2 €

19 [S. 144] **Rotónda,** Pl. Agíou Georgíou, Tel. 2310204868 und 2310213627, Di–So 8.30–15.30 Uhr, Eintritt: 2 €, erm. 1 €

6 Byzantinische Stadtmauer, Kástro und Eptapírgio ★★ [B1]

Βυζαντινά τείχη, Κάστρο και Επταπύργιο

Jenseits der wuseligen Innenstadt erstreckt sich die **Obere Altstadt (Áno Póli)** an den Hängen des Chortiátis-Massivs. Man erreicht sie – etwas schweißtreibend – per pedes oder mit dem Bus. Auf dem Weg lohnt ein Besuch der **Basilika** zu Ehren des **Stadtpatrons Ágios Dimítrios** am Fuß des Hügels.

Doch das absolute Highlight der Áno Póli ist selbstverständlich das **Kástro** genannte Viertel mitsamt der **Byzantinischen Stadtmauer.** Der imposante Befestigungswall ist noch weitestgehend mittelalterlich, Teile davon stammen aber sogar aus dem 4. Jh. Die Höhe der Mauern beträgt stattliche 8,30 m bis 10,50 m, bei einer durchschnittlichen Dicke von 4,60 m.

Es lohnt sich, zu einem Spaziergang entlang der Stadtmauer aufzubrechen und etwa vom beachtlichen **Trigónios-Turm** den Rundblick über die Stadt zu genießen. Inmitten der Mauern liegt ein noch ausgesprochen osmanisch anmutendes Wohngebiet mit wenig touristischen Sehenswürdigkeiten, aber einer angenehm beschaulichen Atmosphäre und ein paar einladenden **Lokalen.**

An der höchsten Stelle thront die **Zitadelle Eptapírgio.** Ursprünglich als letzte Verteidigungslinie konzipiert, war sie ab Ende des 18. Jh. ein Gefängnis, was sie auch in den Jahren der Militärdiktatur (1967–1974) bis letztlich 1989 blieb. Heute befindet sich hier eine **Ausstellung**, die versucht, die Geschichte der Anlage kritisch aufzuarbeiten.

› **Anfahrt per Bus:** Linie 23 ab Pl. Eleftherías bis Haltestelle Agíi Anárgiri

MEIN TIPP

Speisen im historischen Umfeld

In der **Oberen Altstadt (Áno Póli)** sind u. a. die Tavernen Tícho Tícho und Kreonídis zu empfehlen. Erstere bietet einen Blick auf die Stadtmauer innerhalb des Kástro ❻. Letztere ist unterhalb des Trigónios-Turms gelegen und besitzt eine Terrasse, von der aus man eine fantastische Aussicht genießt. In beiden gibt es einfache Hausmannskost, eine große Auswahl an typischen *Mezédes* und eine umfassende Getränkekarte.

- **23 Tícho Tícho** €-€€, O. Stergíou Polidórou 1, Tel. 2310245351, https://toixotoixo.gr
- **24 Kreonídis** €€, Leof. Óchi 4, Tel. 2310206006, https://kreonidis.gr

- **20** [S. 144] **Basilika Ágios Dimítrios,** O. Agíou Dimitríou 97, Tel. 2310270008, www.agdimitriosthes.gr, tägl. 6–22 Uhr, Krypta Di–Fr 8–17, Sa/So 8.30–15 Uhr, Eintritt frei
- ★**21 Eptapírgio,** O. Eptapirgíou, Tel. 2313310400 und 2310207933, Mi–Mo 10–17 Uhr, Eintritt frei
- ★**22 Trigónios-Turm,** O. Eleftheríou Venizélou, April–Okt. Mi–Mo 10–17 Uhr, Nov.–März Mi–Mo 10–15 Uhr, Eintritt frei

Weitere Erlebnisse in der Stadt

Cafés

- **25** [S. 144] **De Facto Café,** O. Pávlou Melá 19, Tel. 2310263674, Facebook: defacto.thessaloniki. Eine Mischung aus Café und (Wein)bar, in der sich viele Künstler und Intellektuelle treffen und oft Events stattfinden.
- **26** [S. 144] **Kitchen Bar** €€, Pier 1, Lagerhalle B, Tel. 2310502241, Facebook: KitchenBarGr. Ob auf einen Kaffee, eine Süßspeise, etwas Alkoholisches oder einen Snack: Hier im Hafenviertel genießt man seine Bestellung direkt am Wasser.
- **27** [S. 144] **The Blues Bar,** O. Olímpou 84, Tel. 2310220979, Facebook: TheBluesBar. Neben Kaffee und allerlei anderen Getränken bekommt man kleine Snacks und Süßspeisen. Es gibt eine vorgelagerte Terrasse mit Blick auf eine römische Ausgrabungsstätte.

Stattliche Zeugin bewegter Zeiten: die Byzantinische Stadtmauer ❻

Die Kitchen Bar am Pier 1 ❸ *glänzt mit ihrer Lage direkt am Wasser*

Restaurants

28 [S. 144] **Takadum** €-€€, O. Agíou Mína 1, Tel. 2310512079, auf Facebook. Unweit von Ladádika befindet sich dieses Lokal, das v. a. *Mezédes* aus traditionellen Zutaten und eine beachtliche Auswahl griechischer Spezialitäten serviert.

29 [S. 144] **To Ellinikó** €€-€€€, O. Stratigoú Kallári 9, Tel. 2310250210, www.ellinikomeze.gr. Im To Ellinikó sitzt man wie in einem Krämerladen inmitten von Wein, Olivenöl und sonstigen Produkten. Die Karte ist umfangreich und die Qualität ausgezeichnet.

30 [S. 144] **Tsaroúchas** €, O. Olímpou 78, Tel. 2310271621, Facebook: Tsarouxas Restaurant. In diesem Lokal gibt es herzhafte Hausmannskost vom Büfett und die beliebte Kuttelsuppe *Patsás*.

31 [S. 144] **Yók Balík** €, O. Ethnikís Amínis 34, Tel. 2310240022, www.giokbalik.com. Dieses kultige Fastfood-Lokal bietet das gesamte Sortiment der einheimischen Streetfood-Variationen.

32 [S. 144] **Zýthos** €€-€€€, O. Katoúni 5, Tel. 2310540284, https://zithos.gr. Äußerst populäres Restaurant in Ladádika, in dem das Essen schmackhaft und die Portionen reichhaltig sind.

Unterhaltung und Nachtleben

33 [S. 144] **Cabare,** O. Katoúni 28, 1. OG, Tel. 6984841841, https://cabare.com.gr. Angesagter Nightclub mit schwülstigem Dekor und Bühnenshows zu coolen Sounds. Zusätzlich gibt es eine Bar mit plüschigen Sitzecken.

34 [S. 144] **Gorílas,** O. Veroías 3, Tel. 2313086274, Facebook: gorillabarskg. Viel frequentierte Bar mit einer guter Auswahl an Drinks.

35 **Mégaro Moussikís,** O. 25is Martíou, Tel. 2310895800, www.tch.gr. Das städtische Konzerthaus am südlichen Ende der Neuen Uferpromenade bietet Ballett, klassische Konzerte, Opern und Operetten, aber auch griechische Musik.

36 [S. 144] **Vogatsikou 3,** O. Vogatsikoú 3, Tel. 2310222899, Facebook: Vogatsikou3. Coole Bar, die durch ihre wunderbaren Drinks besticht. Das Vogatsikou 3 ist rauchfrei!

★37 **Waterland**, 5i O., Tagarádes, Tel. 2392072025, www.waterland.gr/en, Juni–Anf. Sept. tägl. 10–mind. 18 Uhr, Anfahrt mit kostenlosem Shuttlebus, Start gegenüber dem Hbf. tägl. 9, 11 u. 13 Uhr, Eintritt: ab 15 €, erm. ab 11 €. Auf 150.000 m² gibt es Rutschen, Wellenbecken, Pools und künstliche Flusslandschaften, die man auf Badereifen und Schlauchbooten durchfährt. Mit Lokalen und Ruhebereichen.

Einkaufen

38 [S. 144] **Agora Modiano,** Pl. Aristotélous/Ecke Odós Ermoú, www.agoramodiano.com. In den Jahren 1922 bis 1925 erbaute Markthalle, in der sich neben Feinkostläden auch Imbisslokale befinden.

39 [S. 144] **En Karpó,** O. Tsimiskí 81, www.enkarpo.gr. Bei En Karpó bekommt man typisch griechische Spezialitäten wie Nüsse, getrocknete und kandierte Früchte, Halva oder Fruchtgelees und Pasten.

023mt-dk

40 [S. 144] **Ergon Agora,** O. Pávlou Melá 42, www.ergonfoods.com/ergon-agora. Interessantes Gastrokonzept direkt hinter der Agía Sofía: Neben einem Delikatessengeschäft, in dem man alles von Olivenöl, Brot und Pasta bis zu Honig, Kaffee und Wein bekommt, gibt es hier auch ein Bistro.

41 [S. 144] **IANOS,** O. Aristotélous 7, www.ianos.gr. Die umfassendste Buchhandlung der Stadt bietet neben internationaler Presse eine große Regionalia-Abteilung.

42 [S. 144] **Olicatessen,** 4 O. Víktoros Ougó, https://olicatessen.gr. Was auch immer aus einer Olive werden kann, bei Olicatessen findet man es. Auch Seminare zur lokalen Kost lassen sich buchen.

43 [S. 144] **Studio 52,** 46 O. Dimitríou Goúnari, www.studio52.gr. Das Nonplusultra in Sachen Musik, v. a. wenn es um griechische Interpreten geht, aber auch internationale Platten.

024mt-dk

Infos und Reisetipps

An- und Weiterreise

Infos zur An- und Rückreise sowie zur Weiterreise auf die Chalkidikí finden sich auf S. 16 und S. 124.

Parken

Wer von der Chalkidikí mit dem Auto zu einer **Besichtigungstour** nach Thessaloníki, kommt, sollte das Fahrzeug am besten in einem **Parkhaus** abstellen. In der Stadt selbst ist man mit **öffentlichen Verkehrsmitteln** (s. unten) unkomplizierter und preiswerter unterwegs. Außerdem ist das Stadtzentrum übersichtlich und viele Ziele der Innenstadt lassen sich mühelos **zu Fuß** erreichen. Hotelparkhäuser gibt es nur vereinzelt.

P**44** [S. 144] **Helexpo (1),** O. Aggeláki/Ecke O. Alexándrou Svólou, 3 €/Std., 20 €/Tag, 300 Stellplätze

P**45** [S. 144] **Helexpo (2),** O. 3is Septemvríou/Ecke Leof. Stratoú, 3 €/Std., 27 €/Tag, 440 Stellplätze

P**46** [S. 144] **Parking Center,** O. Mitropóleos 31–33, 5 €/Std., 30 €/Tag, 200 Stellplätze

Touristeninformation

i**47** [S. 144] **Tourist Information Kiosk,** Pl. Aristotélous 10, Tel. 0030 2310229070, https://thessaloniki.travel/de, Mitte April–Mitte Sept. Mo–Fr 9–21, Sa/So 10–18 Uhr, Mitte Sept.–Mitte April tägl. 10–18 Uhr

Verkehrsmittel

In Thessaloníki ist man am besten mit dem **Bus** unterwegs – insgesamt gibt es knapp 80 Buslinien, die von der privaten Gesellschaft **OASTH** be-

< *Ein Klassiker im neuen Gewand: die Markthalle Agora Modiano (s. S. 25)*

trieben werden. **Fahrkarten** können an Automaten in den Bussen bzw. vor Fahrtantritt an Kiosken oder offiziellen Vorverkaufsstellen erworben und müssen bei Fahrtbeginn im Bus entwertet werden.

Es gibt Tickets für Einzelfahrten und solche, die auch das Umsteigen erlauben. Ein **Einzelfahrschein** kostet 0,90 €. Daneben gibt es Tickets für 1,10 € (70 Min. gültig) zum zweimaligen, für 1,30 € (90 Min.) zum dreimaligen und für 1,80 € (120 Min.) zum viermaligen Umsteigen. Kinder, Jugendliche und Senioren erhalten ermäßigte Fahrkarten, die jeweils etwa die Hälfte kosten. **Tagestickets** sind 24 Std. gültig und kosten 3,80 €.

Noch im Bau befindlich ist die erste **Metrolinie** mit zukünftig 13 Stationen und einer Länge von 10 km, die nach etlichen Verzögerungen Ende 2024 fertiggestellt werden soll.

› **Infos:** www.oasth.gr

Sehenswertes jenseits der Stadtgrenze

7 Bucht von Thessaloníki ★ [A2]

In Thessaloníki selbst ist das **Baden** aufgrund der **mäßigen Wasserqualität** keine gute Idee, nicht zuletzt da es **offiziell verboten** ist. Gegenüber der Stadt, am südlichen Ende der Bucht, erstrecken sich jedoch über knapp 7 km verschiedene Badestrände. Im Osten ist da zunächst das sympathisch anmutende, ruhige **Peréa** samt schmalem Strand und Uferpromenade, dann das speziell bei Familien beliebte **Néi Epivátes** mit kleinem Fischerhafen und breitem Strand und schließlich im westlichen Abschnitt das bei jungen Leuten angesagte, lebendige **Ágia Triáda**, das jedoch auch nur über einen schmalen Küstenstreifen verfügt.

015mt-sb

Überall ist das Wasser **sauber** und meist glasklar, dabei sind die Sandstrände allesamt **flach abfallend.** Speziell am Wochenende kann es überall voll werden, denn dann strömen die Großstädter hierher. Wer ohnehin auf dem Weg zu den Küstenstreifen Chalkidikís ist, kann diese Strände getrost ignorieren. Wer hingegen der Hitze der Metropole für ein paar Stunden entfliehen möchte, wird nicht enttäuscht.

Am einfachsten erreicht man die drei Strände per **Fährboot** ab dem Weißen Turm 4 oder dem Pier 1 3. Die Anbieter **Karavakia** und **Poseidon Waterways** fahren beispielsweise in der Hauptsaison mehrmals täglich zu den Stränden Peréa und Néi Epivátes (ca. 1 Std., Tickets: 7 €, erm. 5 €).

› **Karavakia**, www.karavakia.gr

› **Poseidon Waterways**, https://poseidonwaterways.com

Die lokalen Buslinien sind eine gute Option, um von A nach B zu kommen

Essen und Trinken

48 **Kivotós tis Irínis** €-€€, O. 28is Oktovríou 2, Ágia Triáda, Tel. 2392052648, Facebook: i.kivotos.tis.eirinis. Einladendes Grillrestaurant im Retrolook.

49 **Tsipourádiko Ároma Glykánisou** €€, O. Áktis 67, Peréa, Tel. 2392022204. Große Taverne unmittelbar an der Uferpromenade.

8 Néa Michanióna ★ [A3]

Νέα Μηχανιώνα

Westlich von Ágia Triáda mit seinem Strand erstreckt sich das erhöht gelegene **Kap**, das die engste Stelle der Bucht von Thessaloníki 7 markiert. Angesichts der Tatsache, dass allerlei Tanker, Fracht- und Transportschiffe die **Meerenge** in den Thermaischen Golf passieren, wird hier **vom Schwimmen abgeraten.**

Südlich des Kaps liegt der winzige Hafenort **Angelochóri** samt Leuchtturm und noch ein Stück weiter südlich davon befindet sich eine **Lagune (Limnothálassa Angelochoríou)** ☘, die zum **Vogelschutzgebiet** erklärt wurde – hier sind zum Beispiel **Flamingos** beheimatet.

Südwestlich der Lagune erstreckt sich der weitestgehend wilde **Riviera Virgin Beach**, der sich an ein unbebautes Brachland anschließt. Der Hauptort dieses Küstenabschnitts ist das etwa 5 km weiter südöstlich gelegene **Néa Michanióna.** Das Städtchen mit etwa 11.000 Einwohnern ist ein intakter Ort mit schattiger Platía, die erhöht über der Küste liegt und von Tavernen und Cafés gesäumt ist. Weiter unten befindet sich ein lebendiger **Fischereihafen**, in dessen **Markthalle** (Mo–Sa 7–14 Uhr) der frische Fang auch gleich verkauft wird. Hier steht zudem eine dem hl. Nikólaos geweihte Kirche. Sehenswert ist ferner die große **Basilika**, die den Namen **Panagía Faneroméni** trägt und am zentralen Kreisverkehr gelegen ist. Insgesamt ist Néa Michanióna aber kein ausgesprochener Urlaubsort, auch wenn es hier die eine oder andere Unterkunftsoption sowie einen kleinen **Strand** nördlich des Hafens gibt.

Entlang der ca. 5 km langen **Uferlinie**, die sich gen Süden bis nach Epanomí 9 erstreckt, finden sich schmale, aber kaum erschlossene Sand- und Kiesabschnitte, beispielsweise im Bereich des Restaurants Kyma.

Essen und Trinken

50 **Retsélis** €€, Politechníou 1, Néa Michanióna, Tel. 2392031271, https://retselis.gr. Ansprechendes Fisch- und Meeresfrüchterestaurant mit umfassendem Angebot.

51 **Riviera Beach Bar**, Riviera Virgin Beach, Tel. 6976618406, https://rivierabeachbar.com. Chilliges Strandlokal mit üppiger Auswahl an großen und kleinen Speisen.

9 Epanomí ★★ [A3]

Επανομή

Epanomí liegt ca. 25 km südöstlich von Thessaloníki und bildet mit etwa 11.000 Einwohnern das westliche „Tor" in die Chalkidikí. Ein Besuch im Ort mit seinem adretten **Hauptplatz** und seiner lebendigen Atmosphäre lohnt zwar, doch für die meisten Besucher ist Epanomí eher ein Sprungbrett zu den umliegenden Strandabschnitten.

Da ist zunächst einmal der **Hafen** des Ortes, etwa 3 km südwestlich, wo es neben einigen kleinen Badestellen eine vernünftige Auswahl an **Fischtavernen** gibt.

Der wohl schönste Strand dieses Landstrichs ist ohne Zweifel der breite und unverbaute **Potamós Beach**, der etwa 5 km südlich von Epanomís liegt und sich über mehr als 4 km Länge zieht. Ganz im Westen endet er in einer lang gezogenen **Sandbank**, die wie ein spitzes Dreieck ins Meer ragt. Auf dem Weg zur Landspitze – hier verläuft eine unbefestigte, aber befahrbare Piste – erkennt man ein verrostetes **Schiffswrack**, das aus dem Wasser lugt. Die Landzunge mit ihrer Dünenlandschaft und den Salzmarschen ist als **Naturschutzgebiet** namens **Tsaíri Park** ausgezeichnet. Neben einem Campingplatz und einigen Strandbars gibt es nur wenig Infrastruktur, dafür wird es am zentralen Bereich gerade an Wochenenden häufig recht voll.

Nach Süden hin ist der Küstenabschnitt von Sand und Kies geprägt. Mehr los ist im Badeort **Néa Iráklia** [B4], wo schmale, gepflegte Sandstrände Badegäste erfreuen. Dies gilt auch für die nächste Siedlung namens **Kámpos** [B4], die einen breiten, fast 3,5 km langen Sandstrand ihr Eigen nennt, der einen Meerbusen bildet und im Abschnitt des Sahara Resorts mit einer Strandbar lockt.

Im Landesinneren ist das Weingut **Ktíma Gerovassilíou** (s. S. 114) ein Anziehungspunkt für Weinliebhaber.

Essen und Trinken

52 Carousel Beach Bar, Potamós Beach, Tel. 6975840412, Facebook: carousel beachbar. Hippe Strandbar mit DJ und Unterhaltung.

53 Sahara Resort, Kámpos (Sahara Beach), Tel. 2399062502, https://sahara-resort.com. Riesige Beachbar mit 4500 Sonnenliegen, coolen Drinks, Livemusik u. v. m.

54 Tavérna tu Psiloú €-€€, am Hafen von Epanomí, Tel. 2392045090. In dieser Fischtaverne speist man unmittelbar am Wasser mit Blick auf den kleinen Hafen.

025mt-dk

Zentralregion Chalkidikí – der Westen

Κεντρική περιοχή Χαλκιδικής – η δύση

Wer sich nach Sonne und Meer sehnt, wird versuchen, möglichst schnell vom Flughafen Thessaloníki per Bus oder Mietwagen an die Strände im Süden Chalkidikís zu kommen. Die dazwischenliegende Zentralregion wird dabei häufig kaum wahrgenommen. Doch wer ein bisschen Zeit mitbringt, sollte auch das bergige Inland nicht verpassen, denn hier geht es erfrischend untouristisch zu. Und an den Küsten gibt es reizvolle Badestellen in Hülle und Fülle.

Ideal für einen Spaziergang: das Zentrum von Epanomí

Gewöhnlich gelangt man über die **Nationalstraße 24** in Richtung Süden auf die Halbinsel Kassándra. Obwohl deren Strände weit bekannter sind, lohnt es auch, den nördlicher gelegenen **Küstenabschnitt zwischen Néa Kallikrátia 13 und Néa Moudaniá 14** näher unter die Lupe bzw. die Sonnenbrille zu nehmen. Zahlreiche kaum frequentierte Urlaubsorte verfügen über eine gute Infrastruktur und die Strände präsentieren sich feinsandig und flach abfallend, allesamt mit reizendem Fernblick, u.a. auf den Olymp.

Wer sich außerdem ein paar Kilometer landeinwärts begibt, kommt in den Genuss großartiger Sehenswürdigkeiten wie der **Tropfsteinhöhle von Petrálona 12** oder der **Ausgrabungsstätte des antiken Ólinthos 15**.

Eher gemächlich geht es in der **Hauptstadt** des Regionalbezirks Chalkidikí zu, dem charmanten **Polígiros 10**, wo ein archäologisches Museum Interessantes über die reiche Vergangenheit dieses Landstrichs offenbart. Das Küstenareal südlich von Polígiros umfasst den Meerbusen des Toroneischen Golfs mit den Badeorten **Gerakiní 16** und **Psakoúdia** [E4].

Spannende Einblicke in das **griechisch-orthodoxe Klosterleben** erhält man im Nonnenkonvent unweit von Vatopédi (s. S. 40), aber auch im äußersten Norden, wo nahe des anmutigen Ortes **Galátista 11** der hl. Anastasia von Sirmium gehuldigt wird (s. S. 34).

10 Polígiros ★★ [D3]

Πολύγυρος

Aufgrund seiner Lage in der Mitte der Halbinsel ist das rund 6200 Einwohner zählende Polígiros bereits seit 1869 die Hauptstadt des Regionalbezirks Chalkidikí. Der Ort liegt auf einer Höhe von 500 bis 560 m an der südöstlichen Seite eines Tals am Fuße des Bergs Cholomóndas (s. S. 55). Wer hierher kommt, erlebt ein Stück Griechenland abseits touristischer Pfade. Keinesfalls verpassen sollte man das sehenswerte Archäologische Museum.

026mt-dk

Wer auf der Chalkidikí lebt, kommt an dem nur 70 km von Thessaloníki entfernten Polígiros nicht vorbei, denn hier haben Verwaltungs-, Finanz- und Justizbehörden, das Krankenhaus, die örtlichen Versicherungen, Banken und viele Schulen ihren Sitz.

Bereits seit dem 6. Jh. v. Chr. sind die umliegenden Hügel besiedelt und ebenda lag wohl das **antike Apollonia**, das zum 432 v. Chr. gegründeten Chalkidischen Bund gehörte, der 379 v. Chr. von den Spartanern unterworfen und wenige Jahrzehnte später von Philipp II. in das makedonische Königreich eingegliedert wurde. Es folgten die **Römer** und anschließend die **Byzantiner**, unter deren Herrschaft der Ort das erste Mal unter dem Namen Polígiros als Gut eines Áthos-Klosters erwähnt wurde. Im Jahr 1430 übernahmen schließlich die **Osmanen** das Ruder: Während ihrer rund 500-jährigen Herrschaft entwickelte sich das Dorf stark und die örtliche Landwirtschaft wurde vorangetrieben. Man baute u. a. Weintrauben und Getreide, aber auch Oliven, Obst, Gemüse, Baumwolle und Flachs an. Die Einwohner beteiligten sich jedoch häufig an progriechischen Aktionen und aus Rache wurde der Ort 1821 von türkischen Truppen in Brand gesetzt. Nach der Befreiung 1912 herrschten kurzzeitig bürgerkriegsähnliche Verhältnisse und auch während der **deutsch-bulgarischen Besatzung** kam es hier zu Kampfhandlungen. Erst ab den 1960er-Jahren wurde Polígiros auch wirtschaftlich wieder bedeutender – nicht zuletzt dank des aufstrebenden Tourismus an den Küsten.

028mt-dk

Heutzutage präsentiert sich der Ort mit seinem historischen Kern durchaus sympathisch und beschaulich. Die teilweise verkehrsberuhigte Hauptstraße Politechníou ist durch ein spannendes Bauensemble geprägt. Sehenswert sind der **Hauptplatz** vor dem Rathaus, auf dem die **Statue von Aristoteles** (s. S. 32) grüßt, und die **Platía Iróon**, auf der Büsten der Helden des griechischen Freiheitskampfes stehen. Hier befindet sich auch das aufschlussreiche **Archäologische Museum** mit prächtigen Ausstellungsstücken aus der gesamten Chalkidikí, die sowohl aus prähistorischer Zeit als auch aus der hellenistischen und römischen Epoche stammen. Auch ein **Volkskundemuseum** (Folklore Museum bzw. Laografikó musío) ist im Zentrum ansässig – hier werden u. a. Trachten und die Rekonstruktion eines städtischen Hauses aus dem frühen 20. Jh. gezeigt (auch als interaktive Tour im Internet erlebbar).

◁ Ein Hauch Orient: die Osmanen haben das Stadtbild von Polígiros geprägt

△ Im Archäologischen Museum spürt man fast 2500 Jahren Geschichte nach

Aristoteles – der berühmteste Sohn der Chalkidikí

Vieles auf der Chalkidikí und in Thessaloníki erinnert an den berühmten Philosophen und Naturwissenschaftler Aristoteles (384–322 v. Chr.), seien es Statuen, nach ihm benannte Straßen und Plätze und natürlich die Ausgrabungen seines Geburtsortes im antiken Stágira 24.

Im Jahr 384 v. Chr. erblickte Aristoteles dort als Sohn des Hofarztes von König Amyntas III. von Makedonien das Licht der Welt, doch beide Eltern starben früh und so wuchs er wohl im Haus seiner Verwandten in Stágira auf. Im Alter von 17 Jahren wurde Aristoteles nach Athen geschickt und schrieb sich an Platons Akademie ein. Er verbrachte 20 Jahre an dieser Institution, zunächst als Schüler, dann als Unterrichtender, und brachte den Theorien seines Lehrers sowohl großen Respekt als auch eine Menge Kritik entgegen. Nach Platons Tod im Jahr 347 v. Chr. ging die Leitung der Akademie auf dessen Neffen Speusippos über.

027mt-dk

Im Jahr 342 v. Chr. wurde Aristoteles von König **Philipp II.** nach Pélla in Makedonien gerufen, um seinen Sohn zu unterrichten, den späteren **Alexander den Großen.** Erst 335 v. Chr. kehrte Aristoteles mit makedonischen Truppen nach Athen zurück und gründete die Lyzeum genannte Philosophenschule, an der er seine Lehren unterrichtete. Aristoteles verfasste in jener Zeit die meisten seiner rund 200 Werke, von denen allerdings nur 31 erhalten sind. Nach dem Tod Alexanders des Großen im Jahr 323 v. Chr. zwang ihn die anti-makedonische Stimmung erneut, aus Athen zu fliehen. Er starb 322 v. Chr. in Chalkís auf Euböa an einem Verdauungsleiden. Aristoteles' Lieblingsschüler übernahmen das Lyzeum, aber innerhalb weniger Jahrzehnte war der Einfluss der Schule im Vergleich zur rivalisierenden Akademie verblasst.

Mehrere Generationen lang gerieten Aristoteles' Werke beinahe in Vergessenheit, bis sie zunächst unter den Römern, dann den Byzantinern und letztlich im Mittelalter in der islamischen Welt bekannt wurden, wo Denker wie Avicenna (970–1037), Averroes (1126–1204) oder der jüdische Gelehrte Maimonides (1134–1204) seine philosophischen und wissenschaftlichen Grundsätze wiederbelebten.

Zusammen mit Sokrates und Platon gehörte Aristoteles zu den einflussreichsten Denkern der Antike. Er leistete bedeutende Beiträge zu nahezu jedem Aspekt des menschlichen Wissens, von der Logik über die Naturkunde bis hin zur Ethik und Ästhetik.

55 Archäologisches Museum Polígiros (Archeologikó Musío Poligírou), O. Stadíou 1/Pl. Iróon, Tel. 2371022148, Mi–Mo 8.30–15.30 Uhr, Eintritt: 2 €

56 Folklore Museum Polígiros, O. Frantzí 9, Tel. 2371023031, http://kotsianos.evolution-isa.gr/panoramas/polygyros-museum.html, Mo–Fr 9–14 Uhr, Eintritt frei

Essen und Trinken

57 Éxi Vríses €€, O. Kountouriótou 2, Tel. 2371024820, https://exivryses.gr. In den „sechs Quellen" gibt es ein breites Angebot einheimischer und kontinentaler Gerichte. Das Restaurant ist in einem Park östlich des Zentrums gelegen und besitzt einen Wintergarten sowie eine Terrasse.

58 The Marigoúla €€-€€€, O. Konstantinoupóleos 7, Tel. 2371023171, https://marigoula.gr. Griechisch inspirierte Nouvelle Cuisine in schmuckem Ambiente. Hervorragende Weinauswahl.

11 Galátista ★ [C3]

Γαλάτιστα

Westlich des Cholomóndas-Massivs (s. S. 55) ist Galátista mit 3000 Einwohnern ein möglicher Zwischenstopp auf dem Weg von oder nach Thessaloníki. Überreste einer byzantinischen Festungsanlage, etliche Kirchen und das rund 12 km entfernte Kloster Agías Anastasías Farmakolitrías (s. S. 34) bieten interessante Einblicke in diese kulturhistorisch wegweisende Gegend.

In rund 23 km Entfernung von Polígiros 10 liegt Galátista an den südlichen Hängen des Berges **Profítis Ilías**, einem Ausläufer des Chortiátis-Gebirgszugs. Unterhalb des Ortes erstreckt sich das von Landwirtschaft geprägte Tal von **Anthemoúnda** mit dem gleichnamigen Fluss. Tatsächlich ist Galátista vor allem für seine **Viehzucht** und Milchproduktion sowie die **Agrarwirtschaft** in Form von Getreide, Mais, Baumwolle und Futterpflanzen bekannt.

Wer Galátista besucht, findet einen äußerst malerischen Ort vor, der sich durch seine **engen Gassen** und die nach wie vor recht hohe Anzahl **historischer Herrenhäuser** auszeichnet. Typisch für Letztere sind die vorgesetzten Balkone und die *Sachnisí* genannten Erker.

In der Antike befand sich hier wohl die Stadt **Anthemoús**, die erst nach dem Zugeständnis der Perser in das makedonische Königreich integriert wurde. Gemäß Überlieferung des Geschichtsschreibers Thukydides (454–396 v. Chr.) kämpften hier Truppen Athens und Spartas gegeneinander. Aus dem 11. Jh. stammt der gewaltige, aber in einem recht desolaten Zustand befindliche, von überall erkennbare **byzantinische Wachturm**, den man begehen kann. Auch die beiden steinernen **Wassermühlen** in unmittelbarer Nähe erinnern an die byzantinische Epoche. Unter den **Osmanen** war Galátista Teil der selbstverwalteten Mademochória genannten **Silberminengemeinden** und galt sogar als einer der reichsten Orte der Chalkidikí.

Die recht hohe Anzahl von **Kirchen** – sechs an der Zahl, alle zwischen 1813 und 1842 erbaut – gilt als Symbol für die tiefe Verwurzelung der griechisch-orthodoxen Tradition in Galátista. Vor Ort waren auch einige namhafte **Ikonenmaler** tätig, deren Werke die Klöster von Áthos und Gotteshäuser im ganzen Land schmücken.

★59 Byzantine Tower (Vizantinós Pírgos), im Ortskern, Tel. 2371351700 bzw. 2310285163, tägl. 8.30–15.30 Uhr, Eintritt frei

MEIN TIPP

Das Kloster der hl. Anastasia von Sirmium

Verlässt man **Galátista** 11 auf der **Nationalstraße 16** in Richtung Westen, führt nach rund 8 km rechter Hand eine Straße zum **Kloster Agías Anastasías Farmakolitrías** (als „Ag. Anastasia Monastery" ausgeschildert). Es thront pittoresk an den südlichen Ausläufern des Bergs **Omvrianós** und zeigt sich als stattliches Gebäude, das jedoch durch seine hölzernen Erker und die Bemalung in bunten Farben architektonisch ungewöhnlich wirkt.

Ursprünglich 888 während der Regierungszeit des byzantinischen Kaisers Leo VI. („dem Weisen", 866–912) gegründet, ist es der **hl. Anastasia von Sirmium** geweiht. In Rom wohl gegen Ende des 3. Jh. geboren, war sie eine frühchristliche Seelsorgerin, die im Jahre 304 während der Christenverfolgungen unter Kaiser Diokletian den Märtyrertod erlitt. Sie gilt als **Schutzheilige bei Krankheiten** und wird gleichermaßen in der orthodoxen wie in der römisch-katholischen Kirche verehrt.

Nach dem ersten Verfall wurde das Kloster 1522 neu gegründet und beherbergte zeitweise bis zu 150 Mönche. Seine Blütezeit hatte es in der Zeit der **osmanischen Herrschaft.** Während des griechischen Freiheitskampfes 1821 wurde es zusammen mit zahlreichen Dörfern der Gegend zerstört und 1832 wieder aufgebaut.

Bei einem Besuch des Areals lassen sich der **Innenhof** des Anwesens und die reich gestaltete **Klosterkirche** besichtigen, wobei die hier lebenden Mönche gerne mit Rat und Tat zur Seite stehen. Auch ein Spaziergang rund um das Kloster empfiehlt sich, denn der **Ausblick** hinunter ins Tal ist eindrucksvoll und man kann die nahe gelegenen **Kapellen** besichtigen.

ii60 Kloster Agías Anastasías Farmakolitrías, Vasiliká, Tel. 6977076107, http://moniagiasanastasias.gr, tägl. 7.30–14 und 16–18 Uhr, Eintritt frei (Spenden willkommen)

Imposant und farbenfroh präsentiert sich das Kloster der hl. Anastasia

029mt-dk

12 Tropfsteinhöhle von Petrálona ★★★ [C3]

Σπήλαιο Πετραλώνων

Die Tropfsteinhöhle von Petrálona ist eine der bedeutendsten Höhlen Europas, nicht nur angesichts ihre großartigen Gesteinsformationen, sondern auch dank ihres Reichtums an Fossilien und der Entdeckung eines menschlichen Schädels, der womöglich 160.000 bis 240.000 Jahre alt ist.

Südwestlich von Galátista 11 erhebt sich eine karge, beinahe bis 700 m hohe Bergregion namens **Katsíka** („Ziege"). In einem ihrer Ausläufer lockt die auf 300 m Höhe gelegene Tropfsteinhöhle von Petrálona, die mit einer Gesamtausdehnung von rund 10.400 m² diverse Stollen, Kammern und Hallen umfasst. Sie liegt in der Nähe des gleichnamigen Dorfes, in dessen Umgebung Landwirtschaft betrieben und Wein angebaut wird.

Die Grotte ist auch unter dem Namen **Kókkines Pétres** („Rote Steine") bekannt, weil ihr Gestein ein hohes **Bauxitvorkommen** aufweist, das sich durch seine rote Farbe auszeichnet. Aufgrund ihrer reichen Tropfsteingebilde gilt die Höhle als eine der schönsten in ganz Griechenland. In den kalkhaltigen Ablagerungen fand man große Mengen **fossiler Knochen**, etwa von Amphibien, Reptilien, aber auch Füchsen, Wölfen, Bären, Panthern, Hyänen u. a. Doch der sensationellste Fund geht auf das Jahr 1960 zurück, als man einen vollständigen Schädel und einen Teil des Skeletts eines aufrecht gehenden Hominiden entdeckte. Mittlerweile sind sich die Forscher einig, dass es sich dabei um einen weiblichen, ca. 25–35 Jahre alten **Homo heidelbergensis** handelt, also einen Vorfahren des **Neandertalers.**

Besucher können im Rahmen einer ca. 30-minütigen **Führung** (auf Griechisch oder Englisch) eine rund 800 m lange Teilstrecke der Höhle erkunden, wobei man auf nur mäßig gesicherten Stiegen und Wegen unterwegs ist, dafür ist die Route aber durchgehend beleuchtet. Dabei dringt man bis zur **Great Hall** mit ihren riesigen **Stalagmiten** in weißer Korallenform vor. Der Weg verläuft ferner durch die eindrucksvolle **Hall of Roots** und den **Cemetery of Giants.** Gipsfiguren stellen Szenen der einstigen Bewohner nach. In der Höhle herrscht eine **Temperatur** von 17 bis 18 °C und eine **hohe Luftfeuchtigkeit.**

Ein großer Teil der fossilen Funde wird im hiesigen **Museum** ausgestellt, der besagte Schädel befindet sich hingegen im Archäologischen Museum in Thessaloníki (s. S. 22).

- **Anfahrt:** Die Höhle befindet sich ca. 1 km vom Dorf Petrálona entfernt und ist gut ausgeschildert.
- **Cave of Petrálona,** Tel. 2373071671, www.petralona-cave.gr, **bis voraussichtlich Mitte 2024 wegen Renovierungsarbeiten geschlossen**

Essen und Trinken

61 Pétra tis Evdokías €, direkt an der Hauptstraße durch den Ort, Tel. 6941469453. Vor oder nach einem Besuch der Höhle bietet sich ein Besuch in dieser einfachen Taverne an, die Klassiker der griechischen Hausmannskost serviert.

Einkaufen

62 D. Kalaïtzis ✿, 500 m südlich von Petrálona, Tel. 2373071493, www.petrawine.gr. Empfehlenswertes, international vielfach ausgezeichnetes Weingut mit edlen Tropfen ausschließlich aus ökologischem Anbau.

⑬ Néa Kallikrátia ★ [B4]

Νέα Καλλικράτεια

Kommt man auf der **Nationalstraße 24** aus Thessaloníki, führt die erste Abfahrt im Regionalbezirk Chalkidikí in den **Küstenort** Néa Kallikrátia. Im Zuge des Bevölkerungsaustauschs (s. S. 121) wurde die Ortschaft im Jahr 1922 von Geflüchteten aus dem ostthrakischen Kallikrátia (heute Mimarsinan, bei Istanbul) gegründet. Mit ca. 6500 Einwohnern geht es hier recht ruhig zu, sieht man von der Hochsaison ab, wenn viele Besucher, v. a. aus den Balkanländern, hierher kommen. Im Programm deutscher Reiseveranstaltern taucht Néa Kallikrátia hingegen meist nicht auf.

Zwar ist der etwa 800 m lange, ausgesprochen breite **Sandstrand** mit sensationellem **Blick auf den Olymp** tadellos und es geht flach ins saubere Wasser, allerdings wird es im Sommer regelmäßig voll. Das Augenmerk liegt ganz klar auf Fun und Action: Es gibt Anbieter für **Wassersport** und eine **Paradise Water Park** genannten Hüpfburg auf dem Wasser. In gastronomischer Hinsicht punktet Néa Kallikrátia mit einem reichen Angebot an Imbissständen und **Strandbars** sowie zahlreichen Restaurants und Cafés in zweiter Reihe hinter der parallel zur Uferpromenade verlaufenden Hauptstraße.

Nördlich des Strandes liegt der begrünte **Hauptplatz**, ab dem sich die verkehrsberuhigte **Osías Paraskevís** mit ihren Shops und weiteren Fastfood-Lokalen einige Hundert Meter nach Norden zieht. Dort, wo die Fußgängerzone endet, steht die ansehnliche **Hauptkirche** des Ortes.

Nach Süden führt die Uferstraße über 8 km bis nach **Sozópoli** [C4], vorbei an zahlreichen Strandabschnitten, von denen der **Mikoniátika Beach** und der **Vergiás Beach** die meistbesuchten sind. Der Strand des angesprochenen Sozópoli ist hingegen selten frequentiert und auch sonst besitzt der Ort keine nennenswerte touristische Infrastruktur.

63 To Koutoúki tou Antóni €-€€, V. Pitsoúli 26, Tel. 2399022008, Facebook: tokoutoukitouantoni. Ouzerie und Fischtaverne in einem, direkt an der Uferpromenade gelegen. Bei schönem Wetter sitzt man angenehm vor dem Lokal.

⑭ Néa Moudaniá ★★ [D4]

Νέα Μουδανιά

Mit einer ständigen Bevölkerung von fast 10.500 Einwohnern ist Néa Moudaniá nicht nur der größte Ballungsraum der Chalkidikí, sondern auch deren wichtigstes Handels- und Wirtschaftszentrum. Besonders der Fischfang spielt hier eine zentrale Rolle, aber auch vom Tourismus leben viele Einwohner.

Néa Moudaniá liegt knapp 6 km nördlich des Kanals, der die Halbinsel Kassándra vom Festland trennt. Im rein touristischen Sinne sei zunächst der fast 2 km lange **Strandabschnitt** erwähnt, der sich westlich der Stadt erstreckt. Feiner Sand führt flach ins klare Wasser und angesichts der hier angelegten **Resorts und Hotelanlagen** erstaunt es nicht, dass das Angebot an Gastronomie sowie Spiel und Spaß ausgezeichnet ist. Aber auch sonst ist ein Besuch in Néa Moudaniá durchaus empfehlenswert, denn der urbane, typisch griechische Trubel ist eine willkommene Abwechslung zum Ambiente der reinen Urlaubsorte, die man hier sonst findet.

Zunächst sollte man den **Hafen** in Augenschein nehmen, den sich private Jachten und Segelboote sowie die

Trawler der örtlichen **Fischfangflotte** teilen – Sardellen und Sardinen sind hier Trumpf! Wer sich für Fischerei interessiert, der kann dem hiesigen kleinen **Fisheries Museum** eine halbe Stunde widmen.

Das kleine Ortszentrum bietet eine erfreuliche Anzahl an **Einkaufsmöglichkeiten** und wem der Magen knurrt, der findet im Bereich der **Uferpromenade** ein reiches Angebot an Bars, Cafés und Tavernen, viele davon mit Ausblick über den Thermaischen Golf bis hin zum Olymp.

Zwar gab es hier bereits eine osmanische Siedlung, doch waren es Flüchtlinge aus Kleinasien, die Néa Moudaniá 1922 gründeten – an dieses Erbe erinnert ein **Volkskundemuseum** (Folklore Museum).

Auf dem höchsten Punkt der Stadt, dem Hügel **Panagía Korifíni,** erhebt sich die gleichnamige Kirche, in der die **Ikone der Jungfrau Maria** aufbewahrt wird. Das auffallendste Gotteshaus im Ort ist jedoch die stattlich-pompöse **Ierós Naós Agíou Georgíou** mit ihrem achtstöckigen Glockenturm. In den Katakomben ruhen Reliquien des **hl. Rafael** und angeblich sollen Kranke, die hier beten, schneller wieder gesunden.

Die Küste nördlich von Néa Moudaniá bietet **kilometerlange Strände,** die allesamt gut besucht sind. Es handelt sich dabei von Süd nach Nord um mehrere Strandabschnitte: Den Anfang macht der **Dionísou Beach** [C4] mitsamt der gleichnamigen Siedlung, die über mehrere Unterkunftsmöglichkeiten verfügt. Anschließend folgt der **Flogitá Beach,** der besonders von Griechen besucht wird und ebenfalls eine vernünftige Urlaubsinfrastruktur besitzt. Weiter westlich erstreckt sich der etwas ruhigere **Néa Plagiá Beach,** bevor die Küste bis zum Ort Sozópoli abrupt nach Norden verläuft. Südlich von Néa Moudaniá sei speziell der **Ouzoúni Beach** [D5] empfohlen, an dem sich ein Campingplatz und eine Handvoll Hotelanlagen angesiedelt haben.

M64 Fisheries Museum (Musío Alieftikón Skafón ke Ergalíon), O. Vithinías 2, Tel. 2373026166, Mo–Fr 8–16 Uhr, Eintritt frei

M65 Folklore Museum Néa Moudaniá, gegenüber vom Fischereimuseum, Tel. 2373021368, Mo–Fr 8–16 Uhr, Eintritt frei

Essen und Trinken

66 Despótis €€, O. Agíou Georgíou 6, Tel. 2373023774, Facebook: Despotis-Restaurant. Gleich neben dem Hafen befindet sich diese Taverne, in der fangfrischer Fisch und Meeresfrüchte die erste Wahl sein sollten.

031mt-sb

Die eindrucksvolle Kirche Ierós Naós Agíou Georgíou überragt alle anderen Bauten in Néa Moudaniá

67 **Limáni Tsipourádiko** €-€€, an der Uferpromenade, gleich am Hafen, Tel. 2373100209, Facebook: limani.tsipouradiko. Uriger als in dieser Hafentaverne mit einladender Terrasse geht es kaum. Leckere Fischgerichte zu vernünftigen Preisen.

15 Ausgrabungsstätte Ólinthos ★★ [D4]

Όλυνθος

Die Ausgrabungsstätte des antiken Ólinthos liegt rund 9 km nordöstlich von Néa Moudaniá 14 und gehört eindeutig zu den archäologischen Highlights der Chalkidikí. Wer heute durch die freigelegten Straßen wandelt, erkennt die Fundamente alter Häuser und entdeckt kunstvoll gearbeitete Mosaike.

Wohl bereits seit der Jungsteinzeit besiedelt, war die Gegend speziell seit den Konflikten zwischen Makedoniern und Thrakiern im 7 Jh. v. Chr. durch häufige Machtwechsel gekennzeichnet. Während der **Perserkriege** musste sich Ólinthos dem achämenidischen Großkönig Xerxes I. (519–465 v. Chr.) ergeben, war aber dennoch eine Brutstätte für antipersische Aufständische, weshalb General Artabazos 479 v. Chr. die gesamte hier lebende Bevölkerung umbringen ließ. Später schloss sich die Stadt zunächst dem **Attischen Seebund** unter der Vormacht Athens an, doch bereits 432 v. Chr. kam es zum Bruch, nicht zuletzt auf Drängen des makedonischen Königs Perdikkas II. In der Folge entwickelte sich Ólinthos zum Zentrum des **Chalkidischen Städtebundes** und kämpfte während des **Peloponnesischen Krieges** (431–404 v. Chr.) ganz offen gegen die Vorherrschaft Athens. Nach dem Sieg gegen die Hauptstädter lebten in der Stadt wohl bis zu 20.000 Menschen – damit war Ólinthos zu jener Zeit die größte und einflussreichste Metropole Chalkidikís. Zusehends wurde die Vormachtstellung der Chalkidier im Norden des Landes aber auch **Sparta** zu gefährlich, da es befürchtete, seine neu gewonnene Hegemonie zu verlieren. Von 382 bis 379 v. Chr. herrschte erneut Krieg, diesmal zwischen Sparta und Makedonien auf der einen und Ólinthos auf der anderen Seite. Gegen die zahlenmäßig weit überlegenen Gegner konnte man nicht gewinnen, weshalb es zur **Kapi-**

032mt-dk

tulation kam. Zwar erstarkte die Stadt darauf noch einmal für kurze Zeit, doch der nächste Konflikt mit den immer mächtiger werdenden **Makedoniern** war nicht zu vermeiden. Unter König **Philipp II.** (382–336 v. Chr.) wurde Makedonien zur stärksten Kraft im Norden Griechenlands und als seine beiden abtrünnigen Halbbrüder Arrhidaios und Menelaos – sie trachteten selbst nach dem Thron – nach Ólinthos flüchteten, ließ er die Stadt 348 v. Chr. kurzerhand zerstören und ihre Einwohner versklaven.

Das Ausgrabungsgelände umfasst freigelegte **Grundmauern** von Gebäuden, leicht erkennbare **Straßenzüge,** hervorragend erhaltene **Bodenmosaike,** Überreste eines Kanalisationssystems, Brunnen und Zisternen, aber auch Stelen, Säulen und Inschriften. Es finden sich **Informationstafeln** auf Griechisch und Englisch und auch eine kleine **Ausstellung** gibt es.

Für einen **Besuch** sollte man mindestens 1½ Stunden einkalkulieren. Vom Kassenhäuschen sind es ca. 15 Minuten Fußmarsch bis zum Ausgrabungsareal – gutes Schuhwerk wird empfohlen.

Das nahe Dorf **Néa Ólinthos** liegt eingebettet in Mandel-, Pistazien- und Olivenhaine fernab von Tourismus und Kommerz.

Wer Anfang September in diese Gegend kommt, der sollte auch ins etwa 3 km südlich gelegene **Ágios Mámas** fahren, wo zum **Kirchweihfest** des hl. Mámas einer der größten Jahrmärkte Griechenlands abgehalten wird.

› **Archaeological Site of Olynthos (Archeologikós Chóros Olíthou),** östlich von Néa Ólinthos, mit Parkplatz, Tel. 2371022060, Juni–Sept. tägl. 8–15, Okt.–Mai Mi–Mo 8–15 Uhr, Eintritt: 4 €, erm. 2 €

68 Aristón, an der Hauptstraße, im nördlichen Ortsbereich von Néa Ólinthos, Tel. 2373091265. Viele Bauern der Gegend haben sich auf Nüsse spezialisiert, die man in diesem Laden in beliebiger Menge kaufen kann.

16 Gerakiní ★ [E4]

Γερακινή

Rund 15 km sind es von Polígiros 10 bis an die Küste bei Gerakiní. Hierunter versteht man zunächst das **eigentliche Dorf** nördlich der Landstraße sowie die aus einer Handvoll Hotels, ein paar Tavernen und einem Supermarkt bestehende **Küstensiedlung.**

Oberhalb von Gerakiní wird im großen Stil **Magnesit (Bitterspat)** abgebaut und die Gründung der Gemeinde geht auf jene Arbeiter zurück, die hier seit 1914 im Tagebau malochen. Verwendet wird das Mineral zur Herstellung von feuerfesten Baumaterialien und Isoliermassen, aber auch in der Flugzeugproduktion. Bis 2015 wurde das aus dem Magnesit gewonnene weiße Pulver direkt im örtlichen Hafen auf Frachter verladen, wodurch der Badespaß hier etwas eingeschränkt war. Doch seit Lkws den Transport übernehmen und das Magnesit direkt in der Fabrik abholen, ist der lokale Fremdenverkehr an der Küste wieder entlastet.

Der rund 2 km lange **Sand-Kies-Strand** ist sauber und recht vielseitig – der Hauptabschnitt liegt östlich der alten Verlademole. **Wassersportmöglichkeiten** und **Strandbars** stehen praktisch überall zur Verfügung. Zwar mag Gerakiní nicht zu den herausragenden Orten der Chalikidi-

Einblick in längst vergangene Zeiten: das Ausgrabungsgelände von Ólinthos

Die Klöster von Vatopédi

Das kleine, romantisch in einer Hügellandschaft mit Olivenhainen und Wein gelegene Vatopédi [E4] mit seinen 250 Einwohnern würde kaum von Besuchern wahrgenommen werden, gäbe es in unmittelbarer Nähe nicht gleich zwei sehenswerte Klöster.

Zunächst handelt es sich um das südlich des Dorfes gelegene, 1986 gegründete **Männerkloster Ágios Arseníou.** Weit älter – nämlich ursprünglich aus dem 12. Jh. – ist das eindrucksvolle, oftmals umgebaute und erweiterte **Nonnenkloster Evangelismós tis Theotókou** etwa 2 km nördlich von Vatopédi. Die rund 110 hier ansässigen Nonnen sind im Sozialdienst oder Gesundheitssektor beschäftigt und pflegen ihre Olivenbäume. Das Anwesen verfügt jedoch auch über **Werkstätten** für Weberei, Schnitzkunst und Ikonografie sowie einen **Klosterladen,** in dem von den rein vegetarisch lebenden Schwestern gefertigte Produkte wie Marmelade, Honig, Seife, Ikonen, Schnitzereien, Webkunst, Mosaike u. v. a. verkauft werden. Besucher werden sehr herzlich empfangen und mit Kaffee, Wasser und Süßspeisen bewirtet, doch ist ein Teil des Klosterareals – inklusive der stattlichen Kirche – für sie nicht zugänglich.

Bei den hier erwähnten Adressen ist **angemessene Kleidung** (keine freien Schultern oder kurzen Röcke und Shorts) erforderlich und es wird darum gebeten, nicht zu fotografieren.

- 71 **Kloster Ierá Moní Ágios Arseníou,** Vatopédi, Tel. 2371041880, https://imkassandreias.gr/index.php/ieresmones (nur auf Griechisch), unregelmäßig geöffnet, Eintritt frei
- 72 **Kloster Ieró Kinóvio Evangelismós tis Theotókou,** Landstraße zwischen Vatopédi und Ormília, Tel. 2371041278, www.ormyliamonastery.com, Di, Do, Sa 10–14, So 11–15 Uhr, Eintritt frei

› **Weitere Infos:** www.ormyliafoundation.gr

Stattliche Mauern umgeben das Nonnenkloster von Vatopédi

034mt-sb

kí gehören, doch die Tatsache, dass sich hier v.a. Hotelgäste den Strand teilen und nicht viele Tagesbesucher anreisen, machen ihn für Badefreunde durchaus attraktiv.

Etwas ruhiger geht es an den Stränden zu, die sich über mehrere Kilometer nach Westen anschließen, etwa **Mikíverna Beach** und **Kalíves Beach** [D4]. Folgt man der Küstenstraße rund 6 km gen Osten, gelangt man zum klassischen Urlaubsort **Psakoúdia** [E4] mit seinem gleichnamigen Strand. Hotels, Apartmentanlagen, Supermärkte und Lokale gestalten einen Aufenthalt hier angenehm, zumal der flach abfallende, 7 km lange Sandstrand nach Süden hin ausläuft und mit zunehmender Entfernung zum Ort immer einsamer wird.

Östlich von Psakoúdia führt die **Landstraße nach Metamórfosi** ㊸, das verwaltungstechnisch bereits zur Halbinsel Sithonía zählt. Auf dem Weg dorthin kommt man in **Vatopédi** (s.S. 40) vorbei, in dessen Umgebung sich namhafte Klöster befinden.

Infos und Reisetipps

i 69 Holidays and More, an der Uferstraße, Psakoúdia, ca. 4,6 km von Gerakiní, Tel. 6984269444, https://holidays-and-more.de. Privates deutschsprachiges Reisebüro, das auch als Touristeninformation fungiert. Mit Auto- und Unterkunftsvermietung, organisierten Reisen in die Mönchsrepublik Áthos (s. S. 98) u. v. m.

Essen und Trinken

70 Mourágio (Gerakiní) €€, an der Hauptstraße, Tel. 2371054060, https://gerakini-mouragio.gr. Unweit vom Strand speist man hier unter wildem Wein oder im Wintergarten. Ob Fisch oder Fleisch, die Küche wartet mit vielen traditionellen Klassikern auf.

Zentralregion Chalkidikí – der Osten

Κεντρική περιοχή Χαλκιδικής – η ανατολή

Der Osten der Zentralregion Chalkidikí wird von den allermeisten Besuchern kaum wahrgenommen – völlig zu Unrecht, denn der bergige, dicht mit Pinien und Fichten bewaldete Landstrich mit seinen Küsten am Singitischen Golf sowie am Thrakischen Meer birgt so manche Überraschung.

Seit einigen Jahren werden vermehrt Anstrengungen unternommen, um auch die gebirgige Zentralregion für den Fremdenverkehr zu entwickeln. Investitionsprogramme haben mit ihren Förderungen dazu beigetragen, dass heute auch das Inland über eine zufriedenstellende **touristische Infrastruktur** verfügt – inklusive Unterkünften und zahlreichen **Wandermöglichkeiten,** z.B. auf den höchsten Gipfel des Landstrichs, den **Cholomóndas** (s.S. 55).

Fährt man in so idyllische Bergdörfer wie **Stratoníki und Stágira** ㉕ oder **Arnéa** ㉖, erlebt man noch ein unverfälschtes Bild griechischen Dorflebens. Deshalb sollte ein Besuch in einem lokalen Kafenío oder einer urigen Taverne unbedingt dazugehören. Während anderswo v.a. Fisch und Meeresfrüchte auf den Teller kommen, sind hier üppige **Grillgerichte** mit Fleisch – auch vom Wildschwein – die lokale Spezialität.

Wer vorhat, die Mönchsrepublik Áthos (s.S. 98) zu besuchen oder sich ihr per Ausflugsboot zu nähern, kommt kaum am lebendigen Hafenörtchen **Ouranoúpoli** ⑰ vorbei und in den nahen Badeorten **Néa Róda** ⑳ und **Ierissós** ㉑ finden sich weitläufige Sandstrände. Streng genommen gehören diese drei Orte zumindest geografisch zur **Halbinsel Áthos** – da sie jedoch außerhalb der Grenzen der autonomen Mönchsverwaltung liegen, werden sie hier beschrieben.

Nochmals unbekannter – speziell bei vielen mitteleuropäischen Reiseveranstaltern – sind die kleine, streckenweise unverbaute **Insel Ammouliani** ⑲ oder die Ortschaften **Pirgadíkia** ㉗ und **Develíki** ㉘ an der Südküste, die mit Entschleunigung pur punkten. Fans historischer Ausgrabungsstätten sollten auf keinen Fall das **antike Ákanthos** ㉒ und das **antike Stágira** ㉔ verpassen – in Letzterem wurde kein Geringerer als **Aristoteles** (s. S. 32) geboren. In der Nachbarschaft liegt der Badeort **Olimbiáda** ㉓, von wo aus man die verwunschenen **Varvára-Wasserfälle** (s. S. 52) erkunden kann.

⑰ Ouranoúpoli ★★★ [H4]

Ουρανούπολη

Als Ausgangsort für einen Besuch der Mönchsrepublik Áthos (s. S. 98) ist Ouranoúpoli unumgänglich, denn das kleine, nicht einmal 1000 Einwohner zählende, aber äußerst lebendige Örtchen liegt auf der nordwestlichen Seite der Halbinsel, unmittelbar an der Grenze zur Mönchsrepublik. Im hiesigen Pilgerbüro bekommt man(n) die entsprechende Besuchererlaubnis (s. S. 102) und besteigt hier die Fähre nach Dáfni [I4].

Auch die meisten **Ausflugsschiffe**, u. a. jene, die sich der Küste der Halbinsel Áthos bis maximal 500 m nähern dürfen, stechen in Ouranoúpoli in See. Entsprechend ist im Ort, v. a. rund um den **Fährhafen**, oft einiges los. Es macht Spaß, den Trubel mitzuerleben, wenn hier ein Schiff anlegt oder sich kurz vor der Abfahrt Urlauber, Pilger und Mönche auf dem Kai versammeln. Eine überschaubare Anzahl an Pensionen, Apartments und Hotels sind auf Áthos-Besucher und deren hier meist einige Tage wartenden Partnerinnen oder Familien eingestellt. Hinzu kommen zahlreiche **Tavernen**, Cafés, aber auch mancherlei **Geschäfte**, von denen sich viele auf orthodoxe **Devotionalien** spezialisiert haben, darunter Kruzifixe, Ikonen und Weihrauchfässer.

Der aus feinem Sand und Kieseln bestehende **Hausstrand** erstreckt sich an der Südflanke des Ortes nach Osten und setzt sich auf einer Länge von gut 2,5 km bis an die Grenze der Mönchsrepublik fort, wird dabei jedoch hier und da durch Felsen unterbrochen.

Das heutige Städtchen wurde anstelle einer vormals **antiken Stadt** errichtet, die wohl bereits seit 315 v. Chr. bestand und von **Alexarchos**, dem leicht größenwahnsinnigen Bruder – er hielt sich für den Sonnengott Helios – des makedonischen Königs Kassander (350–297 v. Chr.), angelegt worden war. Das heutige Ouranoúpoli – übersetzt heißt es **„Stadt des Himmels“** – geht auf eine Gründung durch Geflüchtete aus Kappadokien im Jahr 1922 zurück.

Das augenscheinlichste historische Zeugnis im Ort ist der byzantinische **Prosphoríos-Turm** direkt an der Hafenmole, der im 14. Jh. von Mönchen des Vatopédi-Klosters (s. S. 40) errichtet wurde. Das imposante, fünf Stockwerke hohe Wahrzeichen birgt ein **Museum** mit Ausstellungsstücken aus diversen Epochen, darunter Schmuck, Münzen, Keramik u. v. m., aber auch Informationen zur Architektur der Áthos-Klöster. Eine spannende Ausgrabungsstätte ist außerdem die **Klos-**

035mt-dk

In Ouranoúpoli werden Fans orthodoxer Devotionalien fündig

terruine von Zigós (s. S. 45) südöstlich von Ouranoúpoli.

- https://ouranoupoli.gr

★73 **Prosphoríos-Turm (Vizantinós Pírgos Prosforíou),** zwischen Hafenmole und Strand, Tel. 2377071585 u. 2377071389, April–Okt. unregelmäßig geöffnet, Eintritt: 4 €, erm. 2 €

Infos und Reisetipps

- **Athos Sea Cruises:** Schiffsrundfahrten an der Küste (ohne Ausstieg), 3 Std. ab 20 €, auch längere Fahrten mit Badestopp, https://athos-cruises.gr
- **Mount Athos Lines:** Fähren Ouranoúpoli – Dáfni für Pilger (s. S. 102)
- **Motorbootverleih Rent a Boat Lampou,** http://rentaboatlampou.gr

Essen und Trinken

74 **Café Lila Pause,** an der Uferpromenade, Tel. 2377071416. Direkt vor dem Bootssteg des Fährhafens gelegenes Café, in dem man auch ausgezeichnet frühstücken kann.

75 **Kritikós** €€-€€€, an der Hauptstraße, ca. 50 m vom Ufer entfernt, Tel. 2377071222, https://okritikos.com. Schickes, ganz in Weiß gehaltenes Fischlokal mit hervorragenden Kreationen.

76 **Lemoniádis** €-€€, an der Uferpromenade, Tel. 2377071355, Facebook: RestaurantLemoniadis. In der Pole-Position direkt am Wasser gelegene Taverne mit Blick auf den Fährhafen. Serviert werden Fleisch- und Fischgerichte.

18 Paralía Tripití ★ [G3]

Τρυπητή

Tripití ist im Prinzip nur ein kleiner **Hafen,** an dem die Fähren ablegen, die Reisende hinüber zur **Insel Ammoulianí** 19 bringen. Außer der Fährmole und einem großen Parkplatz gibt es hier nichts Aufregendes.

Doch südöstlich von Tripití erstreckt sich ein **kaum verbauter Küstenabschnitt** mit einigen hübschen **Strandbuchten** über etwa 8 km bis nach Ouranoúpoli 17. Nur hier und da stehen vereinzelt Hotelanlagen oder Privatgrundstücke, die den Zugang zum Meer versperren. Überall sonst geht es seicht ins Wasser und auch schattige Stellen fehlen nicht. In der Hoch-

saison legen Reisende mit Wohnmobil mit Vorliebe einen Stopp entlang der Landstraße ein und an manchen Stellen finden sich **Wassersport- und Bootsverleihfirmen.** Auch eine **Tauchschule** (Athos Scuba Diving, s. S. 106) ist hier ansässig, die Unterwasserausflüge rund um Ammoulianí organisiert.

Etwa 1½ km vor Ouranoúpoli werden im **Bioladen Holy Mount** exzellente lokale Produkte wie Oliven und Olivenöl, Kräuter, Kosmetik sowie Honig aus eigenem Anbau verkauft.

78 Holy Mount, Landstraße Epar. O. Ierissoú, beim Campingplatz, Tel. 6972241567, www.holymountbio.gr

79 Thalassa €€, Epar. O. Ierissoú, gegenüber vom Hotel Akti Ouranoupolis, Tel. 2377071591. Chilliges Zwischending aus Strandbar und Restaurant mit ausgezeichneter griechisch-mediterraner Küche, aber auch Cocktails und Kaffee. Mit Schirm- und Sonnenliegenverleih.

Am Megáli Ámmos Beach auf Ammoulianí fällt das Chillen leicht

19 Insel Ammoulianí ★★ [G4]

Αμμουλιανή

Nur zwei Seemeilen von Paralía Tripití 18 entfernt liegt das beschauliche Ammoulianí, die einzige bewohnte Insel der Region Chalkidikí. „Bewohnt" meint in erster Linie die weniger als 600 Einheimischen, die sich hier das ganze Jahr über aufhalten. Zu ihnen gesellen sich in den Sommermonaten mehrere Tausend vornehmlich griechische Urlauber. Kein Wunder, denn Ammoulianí bietet feinsandige Strandabschnitte und eine vortreffliche, wenn auch überschaubare Urlaubsinfrastruktur.

Keine Viertelstunde ist man mit der Fähre von Tripití aus unterwegs, bis man den Hafen des einzigen Ortes auf der Insel – auch er heißt **Ammoulianí** – erreicht hat. Von hier aus lassen sich Besichtigungen und Ausflüge unternehmen. Das nur 4, km² große Eiland misst an der längsten Stelle 6 km und an der breitesten etwas mehr als 3 km.

Das Örtchen Ammoulianí wurde 1925 als Siedlung für Flüchtlinge vom Schwarzen Meer und aus der Gegend um Istanbul gegründet. Viele Einheimische widmen sich auch heute noch dem **Fischfang.** Sehenswert sind v. a. der **Hafen** und der erhöht gelegene **Hauptplatz** samt **Dorfkirche** und **Volkskundemuseum** (Folklore Museum).

Während sich in Ammoulianí das größte Angebot an **Unterkünften** und **Gastronomiebetrieben** findet, gibt es auch an vielen anderen Stellen auf der Insel Apartmentanlagen und Resorthotels, aber auch Imbiss- und Strandlokale. In den Monaten Juni bis August wird es voll, wenn Urlauber aus Thessaloníki und anderen Landesteilen die Insel bevölkern.

Angesichts der überschaubaren Größe Ammoulianís ist ein Auto eher ungeeignet, dafür sind das **Fahrrad** oder ggf. der **Scooter** ideale Fortbildungsmittel. Bei Strandbesuchen empfiehlt sich zudem ein kleines **Elektroboot** – Vermieter finden sich in Hafennähe. Außerdem verkehren in der Hauptsaison sogar **Pferdekutschen** vom Hafen aus.

Ein Streifzug über die weitestgehend von Grün dominierte, mit Olivenbäumen und niedriger **Macchia-Vegetation** bedeckte Insel ist auf jeden Fall ein Fest für die Sinne, denn vielerorts wirkt sie ländlich und unberührt.

Aber welchen Strand soll man aufsuchen? Feinen, goldenen Sand und kristallklares, aquamarinblaues bis smaragdgrünes Meer bieten alle, doch in Bezug auf Infrastruktur und Größe unterscheiden sie sich doch recht erheblich.

Der meistbesuchte Strand ist zweifellos der **Alikés Beach** an der Südwestküste, etwa 2 km vom Hafen in Ammoulianí entfernt. Hier gibt es einen Campingplatz und ein breites Angebot an Wassersportmöglichkeiten, Unterhaltung und Verpflegung.

Weiter im Süden, an der der Áthos-Halbinsel zugewandten Seite, liegt der **Ágios Geórgios Beach**, der im südlichen Bereich über eine Strandbar verfügt. Hier werden Tagesbesucher aus Ouranoúpoli (17) häufig mit Ausflugsbooten hergebracht, weshalb es zeitweise voll werden kann.

Wo einst die Franken wüteten – die Klosterruine von Zigós

Etwa 2 km südöstlich von Ouranoúpoli (17), beinahe unmittelbar an der Demarkationslinie zur Mönchsrepublik Áthos (s. S. 98), steht die Ruine des Klosters von Zigós [H4] (Moní tou Zigóu, gesprochen: sigóß). Die erste bekannte Erwähnung stammt aus einer Urkunde des Jahres 942 und beschreibt, dass sich hier Asketen einfanden. Allerdings wird davon ausgegangen, dass sich an dieser Stelle bereits 400 Jahre zuvor eine frühchristliche Kultstätte befand.

Im ausgehenden 10. Jh. wurde dann ein Kloster gegründet, das 5500 m² maß und aufgrund häufiger Kreuzritter- und Piratenüberfälle durch stattliche Festungsmauern und elf Türme gesichert wurde. Doch halfen auch diese nicht und so verließen die Mönche wegen der andauernden Angriffe im Jahr 1199 das Areal.

Um 1206 ließ sich in der Klosterfestung ein fränkischer Fürst mitsamt seinem Heer nieder, um von hier Überfälle auf weitere nahe gelegene Klöster zu koordinieren. Erst einige Jahre später wurden die Franken nach einer Intervention von Papst Innozenz III. (1161–1216) aus der Gegend vertrieben. Erhalten hat sich jedoch bis heute der Name **Frangókastro,** zu Deutsch **„Frankenburg“.**

Bei einem Besuch der Klosterruine, der etwa eine Stunde in Anspruch nimmt, sieht man noch Teile der wuchtigen Außenmauern und Türme, aber auch Überreste des Katholikóns (der Klosterkirche) und zahlreicher anderer Gebäude.

Wer sich nach einem Besuch der Anlage erfrischen möchte, sollte sich zum nahen, wildromantischen Trími Beach [H4] aufmachen.

★77 **Klosterruine von Zigós/ Frangókastro,** ab Ouranoúpoli ca. 2 km in Richtung Südosten auf einer Staubpiste, Tel. 2310285163, Mo–Fr 8.30–15.30 Uhr, Eintritt: 4 €, erm. 2 €

MEIN TIPP

Auf zum Inselhopping!

Östlich der Insel Ammouliani 19 liegen einige **vorgelagerte, unbewohnte Eilande** im Meer, die zum Relaxen, Baden und Schnorcheln einladen. Es handelt sich dabei sicherlich um einige der unberührtesten und authentischsten Orte, die man im Norden Griechenlands finden kann. Allen gemeinsam sind wunderschöne Sandstrände, fantastisches, hellblau schimmerndes Wasser und eine intakte, bezaubernde Natur.

Das größte dieser Eilande ist **Dreniá** [H4], das an seiner Nordseite über einen tadellosen Strand verfügt, der während der Saison bewirtschaftet wird (inkl. Beachbar und provisorisch eingerichteter Taverne).

Noch weltferner geht es auf den anderen fünf Inselchen **Tigáni** (auch **Ártemis** genannt), **Féta**, **Péna** (auch bekannt als **Pontíki**), **Fríni** und **Gaïdouronísia** zu, wo es in der Regel nur Sonnenschirme, Liegen und kühle Getränke an Kiosken oder bei fliegenden Händlern gibt.

Man erreicht die Inseln ab **Ammoulliani** oder ab **Ouranoúpoli** 17 auf eigene Faust, z. B. per **Kanu, Tretboot** oder mit einem 30 PS starken **Motorboot** (ohne Bootsführerschein mietbar), alternativ mit einem gecharterten **Bootstaxi** oder **Fischerboot.**

› **Drenia Cruises,** Start in Ammouliani, Facebook: Drenia-Cruises, Tel. 6972358205
› **Motorbootverleih Rent a Boat Ammouliani,** Start in Ammouliani, www.ammoulianirentaboat.com, Tel. 6982871789 oder 6944628288
› **Motorbootverleih Rent a Boat Lampou** (s. S. 43), Start in Ouranoúpoli

Südlich dieses Felsenabschnitts schließt sich der rund 350 m lange **Megáli Ámmos Beach** mit uriger Taverne an. Für viele Ammouliani-Fans ist jedoch der **Karagátsia Beach** im Westen, knapp 3,5 km vom Hafen entfernt, der ungeschlagene Geheimtipp. Die eng umfasste, stellenweise felsige Badebucht bietet zwar, abgesehen von einer Snackbar, kaum Annehmlichkeiten, aber die Lage inmitten der spärlich bebauten Hügellandschaft macht den Strand zu einer echten Augenweide.

Noch mehr Ruhe gefällig? Speziell die **Ostküste** zeichnet sich durch zahlreiche kleine, **abgelegene Buchten** aus, die man häufig ganz für sich allein hat, sieht man von den häufig anzutreffenden **Seeigeln** ab.

› www.visitammouliani.com

M 80 **Folklore Museum Ammouliani,** am Hauptplatz, Mai–Sept. tägl. 19–22 Uh, Eintritt frei

Infos und Reisetipps

› **Anfahrt:** Personen- und Autofähren vom Hafen von Tripití 18, mind. 4–5 Fahrten pro Tag, Fahrtdauer ca. 15 Min., 3,50 € pro Person, ab 10 € pro Fahrzeug, https://ammoulianilines.gr

•81 **Stefanos Anastasiádis Moto Rent,** im Südosten des Hauptortes Ammouliani, Tel. 6977539067. Ob Motorroller, Scooter oder Buggy – hier wird man mobil.

Essen und Trinken

82 **O Gláros** €€, am Hafenbecken, Tel. 2377051460, Facebook: GlarosSeasideRestaurant. Direkt am Wasser und unmittelbar am Fähranleger speist man in dieser Fischtaverne. Das Essen ist einfach, aber gut.

83 **Tzánis** €-€€, direkt am Ortsstrand, Tel. 2377051322, Facebook: RestaurantTzanis. Etwas erhöht über dem kleinen Dorfstrand, am südlichen Ende von Ammouliani gelegene Taverne mit frischem Fisch und Meeresgetier.

20 Néa Róda ★ [G3]

Νέα Ρόδα

An der schmalsten Stelle der Áthos-Halbinsel liegt Néa Róda. Zu Zeiten der Perserkriege ließ der achämenidische Großkönig Xerxes I. (519–465 v. Chr.) hier einen 2200 m langen Kanal graben, der es seinen Kriegsschiffen ermöglichte, die gefährliche Umschiffung des Bergs Áthos zu vermeiden. Der Kanal ist längst verlandet, dafür kommt man heute zum Schlemmen und Schwimmen nach Néa Róda.

Keine 5 km südöstlich von Ierissós 21 lockt die **Siedlung** Néa Róda mitsamt reizvollem **Sandstrand** an einem etwa 1,7 km langen Küstenabschnitt. Mit kaum 1200 Einwohner wirkt sie klein, ja sogar etwas „verschlafen". Im zentralen Strandbereich gibt es mehrere **Wassersportschulen** und in der näheren Umgebung finden sich zahlreiche **felsige Buchten**, die speziell bei **Tauchern** und **Schnorchlern** heiß begehrt sind. Auch für das leibliche Wohl wird in Néa Róda gesorgt, gibt es hier doch auffallend viele **Tavernen,** Cafés und Strandbars. Im Ort selbst überwiegen Apartmentanlagen, aber auch einige Hotels sind hier ansässig. Gegründet wurde Néa Róda von rund 40 griechischen Flüchtlingsfamilien, die 1923 aus dem kleinasiatischen Róda (heute Narlı) – *róda* heißt „Granatäpfel" – am Marmarameer hierher kamen.

Ein lohnender **Spaziergang** führt nach Südosten zum kleinen **Fischereihafen,** über dem die **Kapelle Ágii Theódorii** thront. Wer die Ruhe schätzt, der sollte sich an den kleinen **Voúlitsa Beach** [H3] etwa 700 m östlich des Hafens begeben.

Nach Süden führt eine Landstraße nach Tripití 18 – sie verläuft parallel zum eingangs erwähnten, heute verlandeten **Xerxes-Kanal,** den man mit etwas Mühe noch erahnen kann. Östlich von Néa Róda erstreckt sich der **Komítsa Beach** (s. unten).

84 **Krystális** €-€€, östlicher Strandbereich, direkt am Wasser, Tel. 2377111175. Taverne ohne Schnickschnack kurz vor dem Hafenbereich, in der man nichts falsch machen kann.

21 Ierissós ★★ [G3]

Ιερισσός

An der Ostküste der Zentralregion gelegen, stellt Ierissós v. a. dank seines unprätentiösen Flairs einen lohnenden Zwischenstopp dar. Hier, wo die Nationalstraße 16 endet – Thessaloníki ist rund 100 km entfernt –, geht es nicht ausschließlich touristisch zu. Historische Zeugnisse sind allgegenwärtig und der Ort ist für seine Schiffswerkstätten geradezu berühmt.

Mit etwa 3500 Einwohnern ist Ierissós eine der größeren Siedlungen Chalkidikís und dabei durchaus von

MEIN TIPP

Grenzerfahrung – der Komítsa Beach [H3]

Folgt man ab Néa Róda 20 der Landstraße nach Osten, erreicht man nach etwa 4 km den **Komítsa Beach,** einen langen, feinsandigen, flach abfallenden Strand, der nur an einer Stelle durch einen Felsabschnitt unterbrochen wird. Abgesehen von den Luxushotels im westlichen Teil ist er weitestgehend unverbaut und erstreckt sich über knapp 4,5 km, bis eine ins Meer ragende **Steinmauer** die **Grenze zur Mönchsrepublik Áthos** (s. S. 98) markiert. Ideal für einen ausgiebigen Spaziergang entlang der fantastischen See. Eine **Strandbar** sorgt für das leibliche Wohl.

•85 **Komítsa Beach**

039mt-sb

historischer Bedeutung, denn der Küstenstreifen wird seit prähistorischen Zeiten ununterbrochen bewohnt. So soll sich etwa hier bereits die vorhellenische Stadt **Plutarch** befunden haben. Die Griechen bauten dann das **antike Ákanthos** 22, dessen Ausgrabungsstätte südöstlich der heutigen Stadtgrenze liegt.

Das moderne Ierissós, so wie es sich in der Gegenwart präsentiert, ist hingegen sehr jung, denn am 26. September 1932 ereignete sich im Nordosten der Chalkidikí ein **Erdbeben** der Stärke 7,1, bei dem der ursprüngliche Ort fast vollständig zerstört wurde und das mehr als 300 Menschen in der gesamten Region das Leben kostete. Man baute das Städtchen im **Schachbrettmuster** wieder auf, doch wirkt Ierissós bisweilen noch nicht ganz fertig und auch ein wenig gesichtslos, was auch die **Strandpromenade** mit Grünstreifen und der Stadtkern rund um das **Rathaus** mitsamt Hauptplatz und Parkanlage nicht wettmachen können.

Der 3,5 km lange **Strandabschnitt** zeichnet sich durch eine Mischung aus Sand und Kies aus und setzt sich nach Norden bis in die kleine, aber selten volle Urlaubssiedlung **Kakoúdia** mit ihren geschliffenen **Felsformationen** fort.

Eine Handvoll Apartmenthotels, ein paar Cafés, Tavernen und Fastfood-Lokale sowie nützliche Einkaufsmöglichkeiten machen Ierissós als Standort attraktiv. Wirklich bekannt ist das Städtchen jedoch wegen seiner **Schiffszimmerleute**, die ihre Werkstätten v. a. am südlichen Strandabschnitt und rund um den kleinen Hafen betreiben. Sie haben sich auf die traditionellen, aus Holz gebauten Fischerboote spezialisiert, die zwischen

Spannend und informativ zugleich: die Schiffswerkstätten von Ierissós 21

„Der Fluch des Goldes" – Umweltzerstörung rund um Stratóni

Zwischen Ierissós 21 und Olimbiáda 23 führt die Nationalstraße 16 in nördliche Richtung durch eine bergige, recht bewaldete Gegend. Die wenigen Badebuchten sind über Stichstraßen erreichbar und der erste Eindruck dieses wilden Landstrichs mag positiv überraschen. Doch die Idylle trügt, denn im Inland liegen Bergbauareale, in denen ab dem 19. Jh. traditionell Blei, Zink und Silber abgebaut wurde. Neben Begleitmineralien wie Pyrit wurde auch Gold gefunden. Dies hat das kanadische Unternehmen Eldorado Gold und seine griechische Tochtergesellschaft Hellas Gold in den 2000er-Jahren auf den Plan gerufen und man hat begonnen, das begehrte Edelmetall an drei Standorten im großen Stil zu schürfen.

Die Gemüter der Einheimischen sind gespalten, wenn es um die Minen und den weiteren Ausbau geht. Glaubt man Befürwortern, könnte das tief verschuldete Griechenland angeblich zum wichtigsten Goldproduzenten Europas aufsteigen. Demgegenüber stehen die ökologischen Langzeitschäden. Angeblich müssten 300 ha Wald gerodet werden, obwohl sich die Region ganz besonders durch ihren teilweise jahrhundertealten Baumbestand auszeichnet. Hinzu kommt das giftige Zyanid, das bislang zur Gewinnung der Goldpartikel aus dem Erz verwendet wird. Außerdem könnte die Absenkung des Grundwasserspiegels nicht nur zu noch mehr Trockenheit führen, es könnten auch kristalliner Quarz und Asbest an die Oberfläche treten. Und durch eine hier womöglich geplante Technik namens Flash Smelting (Schwebeschmelzverfahren) würde giftiges Arsen freigesetzt werden. Verständlich, dass damit all jene, die in der Landwirtschaft, der Fischerei oder im Tourismussektor arbeiten, um ihre Existenzgrundlage fürchten.

Zentrum dieses Landstrichs ist das Küstendorf Stratóni [G2], das zwar einen fast 800 m langen Sandstrand zu bieten hat, doch stören eine Abraumanlage und ein Verladehafen an den Berghängen die Idylle. Etwas einladender wird es nördlich von Stratóni, wo man das **Naturschutzgebiet Brostómnitsa** durchquert, eine dicht bewaldete Landzunge, die nach Osten hin weit ins Meer ragt – Wanderungen, auch zu kleinen Badebuchten, sind hier möglich.

In Stratóni gibt es viel Industrie

040mt-sb

5 und 15 m Länge messen und normalerweise mit einem Dieselmotor betrieben werden. Diese Boote werden auch **Káiki** genannt und sind in Kraweelbauweise (Planke an Planke) gebaut. Die meisten **Schiffswerften** befinden sich im Freien, weshalb man bei einem Bummel einen Einblick in die Arbeit des Schiffsbaus erhält.

Eine weitere Sehenswürdigkeit des Ortes ist das **Aristoteles-Kulturzentrum,** in dessen Ausstellung man religiöse Gegenstände aus der Mönchsrepublik begutachten kann. Außerdem werden im angeschlossenen 3D-Amphitheater **Dokumentarfilme** (v. a. auf Griechisch oder Englisch) über den Berg Áthos und das Unterwasserleben Chalkidikís gezeigt.

★86 **Aristotle Municipality Culture Center (Kéndro Politismoú Dímou Aristotéli),** Vasiléos Konstantínou 6, Tel. 2377021130, https://axtada.gr, Mo–Fr 9–15 Uhr, Eintritt: 6 €

87 **Mourágio (Ierissós)** €€, direkt am Strand, Tel. 2377023875, https://mouragio-restaurant.gr. Im zentralen Bereich der Strandpromenade gelegenes Fischlokal mit großer Terrasse und Wintergarten.

22 Antikes Ákanthos ★ [G3]

Südöstlich von Ierissós 21, wenige Meter hinter der dem hl. Dimítrios geweihten Kirche, liegt das antike Ákanthos bzw. das, was davon noch übrig ist.

Gemäß archäologischen Fundstücken wird das **Gründungsdatum** des Ortes auf 655 v. Chr. geschätzt. Ákanthos galt als eines der wichtigsten **Handelszentren** der östlichen Chalkidikí, denn sowohl der hiesige Wein als auch die reichen Bodenschätze und das Holz aus den umliegenden Wäldern waren im gesamten griechischen Kulturraum höchst beliebt.

Bereits zu Zeiten der **Perserkriege** war Ákanthos ein bedeutender Stützpunkt. Als freie Stadt war sie zunächst Mitglied des **Attischen Seebundes** und später des **Spartanischen Bundes.** Zu Beginn des 4. Jh. v. Chr. widersetzte sie sich dem **Chalkidischen Bund** und wurde im Jahr 348 v. Chr. von **Makedoniern** erobert. Etwa um 200 v. Chr. wurde Ákanthos von den **Römern** belagert, geplündert und letztlich auch eingenommen. Auch in der **byzantinischen Epoche** war die Stadt als Bischofssitz eine wichtige Siedlung, finden sich hier doch auch Reste christlicher Gotteshäuser sowie eines Turms aus dem 14. Jh.

Die Hauptausgrabungsstätte zeigt zunächst einige **Säulenreste** und **Steinquader**, die Teil der **Akropolis** waren – alles frei zugänglich unter einer überdachten Stahlkonstruktion untergebracht.

Wesentlich aufschlussreicher ist jedoch die **Nekropole,** deren Erforschung 1973 begann. Das Areal liegt unmittelbar neben der Feuerwache von Ierissós, gegenüber der dunkelrot getünchten Kirche Ierós Naós Agíou Nikoláou. Hier sind Urnen und Sarkophage, aber auch Skelette und Grabbeigaben, Amphoren, Hydrien, Krüge u. a. ausgestellt.

› **Ancient Akanthos,** O. Vasiléos Konstantínou 41, Ierissós, frei zugänglich

★88 **Nekropole des antiken Ákanthos,** Dimokratías o. N., Ierissós, Tel. 2377350000, Mo–Fr 8–14.30 Uhr, Eintritt frei

Reizvolle Perle des Nordostens: Das verträumte Olimbiáda überzeugt mit maritimem Flair und reichlich griechischer Atmosphäre

23 Olimbiáda ★★ [F2]

Ολυμπιάδα

Nein, hier wurden nicht die ersten Olympischen Spiele abgehalten – der Ortsname geht auf eine Überlieferung zurück, wonach Olympiada, die Mutter Alexanders des Großen, hierher verbannt wurde. Heute stellt das Dorf an der Nordostküste der Chalkidikí eine angenehme Alternative zu den weit touristischeren Orten der Halbinseln Kassándra oder Sithonía dar.

Es liegt wohl daran, dass Olimbiáda etwas abseits der üblichen Verkehrswege von Besuchern liegt, dass hier nur verhältnismäßig selten ausländische Touristen anzutreffen sind. Eigentlich schade, denn die Umgebung mit ihrer **üppigen Landschaft** samt bewaldeter Hügel, die reizvolle Küste am **Strymonischen Golf**, aber auch die bodenständige Atmosphäre des Ortes gestalten einen Aufenthalt ausgesprochen angenehm.

Die **Gründung** des Dorfes geht, wie häufig in der Region, auf Geflüchtete aus Kleinasien zurück, die sich hier im Jahr 1923 ansiedelten, dabei jedoch keinen leichten Start hatten. Das einst sumpfige Umland war nämlich ein Nährboden für Malaria, an der zahlreiche Neuankömmlinge starben.

In puncto **Infrastruktur** hat Olimbiáda alles, was Badeurlauber schätzen: Hotels, Privatunterkünfte, Tavernen, Imbisslokale, Shops, Supermärkte etc. Doch anders als in vergleichbaren Orten im Süden der Chalkidikí geht es im Ort selbst während der Saison geruhsam zu, wodurch sich noch ein authentisches Stück Griechenland erleben lässt.

Der **Hausstrand** erstreckt sich über gut 1,5 km nach Norden und setzt sich danach – streckenweise unverbaut – über weitere 1,3 km als **Golden Coast Beach (Chrisí Aktí)** fort, das Wasser ist allerdings hier und da von Felsen durchsetzt. Von überall an der Küste sieht man die vorgelagerte, unbewohnte **Insel Kafkanás** [G1].

Folgt man ab Olimbiáda der asphaltierten Landstraße gen Süden, gelangt man zu weiteren Badebuchten, wie dem kleinen **Kephalás Beach** (auch **Laguna Beach** genannt), dem beschaulichen **Próti Ammoudiá Beach** [G2] und nochmals weiter südlich dem etwa 500 m langen, selten vollen und stellenweise schattigen **Vínia Beach**, an dem zwei Strandlokale um Kundschaft buhlen.

Im Rahmen eines kleinen Spaziergangs erreicht man bequem das Ausgrabungsgelände des **antiken Stágira** 24.

041mt-sb

In ganz Griechenland sind übrigens die in der Gegend beheimateten, recht großen und äußerst schmackhaften **Olympiada-Muscheln** bekannt, die reich an Proteinen, Eisen und Omega-3-Fettsäuren sind.

Essen und Trinken

89 **Akrogiáli** €€, Michaíl Georgiádi o. N., Tel. 2376051362, www.restaurant-akroyiali.gr. Stilvolle Taverne direkt an der Uferpromenade, die bereits seit 1924 besteht. Auch Liegestühle und Sonnenschirme werden hier vermietet.

MEIN TIPP

Erfrischung an den Wasserfällen

Naturliebhaber sollten die im Wald gelegenen, bis zu 15 m hohen, äußerst fotogenen **Varvára-Wasserfällen** nicht verpassen. Den zugehörigen **Parkplatz** erreicht man über eine kurvenreiche Piste, ab Olimbiáda 23 sind es ca. 9 km. Von dort führen **Fußwege** zu einem großen (ca. 10 Min. entfernten) und einem kleineren (ca. 5 Min. entfernten) Wasserfall – baden bzw. „wild duschen" ist hier möglich und auch ein **Picknick** ist definitiv eine gute Idee. Wohl nirgends sonst auf der Chalkidikí fällt das Abschalten im Grünen so leicht.

Danach kann man sich noch in das gleichnamige **Bergdorf Varvára** aufmachen, dessen Einwohner vorrangig von der Maultier- und Wildschweinzucht leben. Dort kann man sich in der Taverne **Tsoukalás** eine Stärkung gönnen. In diesem Fleischparadies essen vor allem Einheimische. Spezialitäten sind die schmackhaften Wildschweinwürstchen, -souvláki oder -koteletts.

★91 **Varvára-Wasserfälle (I katarráktes tis Varváras),** nordöstlich des Dorfes

92 **Tsoukalás Tavérna** €-€€, am nördlichen Ortsrand, Tel. 6977891230

90 **PassePartout,** an der Uferpromenade, Tel. 6948212888, Facebook: passepartoutcoffeebar. Einladende Strandbar mit guten Cocktails und Kaffeeauswahl.

24 Antikes Stágira ★★ [G2]

Seit den frühen 1990er-Jahren buddeln Archäologen auf Liotópi, was das Zeug hält, denn – so sind sich mittlerweile praktisch alle Historiker einig – hier erblickte der große Philosoph und Naturforscher Aristoteles (s. S. 32) das Licht der Welt.

Folgt man ab Olimbiáda 23 der Küstenlinie zu Fuß nach Osten, erreicht man die felsige **Halbinsel Liotópi.** Nach rund 600 m kommt man zum Eingang der Ausgrabungsstätte des antiken Stágira, die auf der Landzunge südwestlich des kleinen Hafens idyllisch über dem Meer liegt.

Gegründet wurde die antike Stadt wohl bereits 655 v. Chr. von Siedlern, die von der Kykladeninsel Ándros kamen. Noch heute erkennt man Überreste der ehemaligen **Stadtmauer,** z. B. in Form des stattlichen Turms und einer Bastion. Zu sehen sind außerdem eine **Zitadelle,** eine ehemalige Straße, zahlreiche Häuser und Geschäfte, eine Zisterne, die **Agora** (der einstige Marktplatz), die **Akropolis** und die Reste eines **Tempels** zu Ehren der Göttin Demeter.

Im Jahre 348 v. Chr. ließ **Philipp II.** die Stadt zerstören, da sie sich der makedonischen Vorherrschaft widersetzte. Paradoxerweise ernannte eben dieser Philipp wenig später **Aristoteles** zum **Privatlehrer seines Sohnes Alexanders des Großen** und ließ anschließend Stágira wohl aus Respekt oder auf Drängen des Philosophen wieder neu errichten. Nach dem Tod Alexanders fiel Stágira unter die Kontrolle des ptolemäischen Königreichs von Ägypten, bis die Stadt 168 v. Chr. von den Römern erobert wurde. Endgültig zerstört wurde sie in der Mitte des 1. Jh. n. Chr. durch ein **Erdbeben**, wenngleich hier im 10. und 11. Jh. erneut gesiedelt wurde.

Für einen **Besuch** sollte man ca. 1–1½ Std. einplanen. Zwar mag sich auch Geschichtsinteressierten nicht alles im Detail erschließen – **Infotafeln** auf Griechisch und Englisch sind nur teilweise angebracht –, aber das gesamte Areal mit seiner wilden Macchia-Vegetation, den knorrigen Olivenbäumen und dem **grandiosen Panoramablick** auf die Küste ist ein echtes Highlight. Dank gesicherter Wege und **Holzbohlen** ist das Gelände auch für Familien mit Kindern gut begehbar. Einkehrmöglichkeiten fehlen jedoch komplett (Wasser mitbringen!).

Noch nicht genug von Aristoteles' Spuren? Ab dem antiken Stágira führt eine 14 km lange, mit Schildern markierte **Wanderroute** durch Buschland, Felder und Kastanienwälder bis in den **Aristoteles-Park** im Bergdorf **Stágira** 25.

› **Archéa Stágira (Ancient Stágira)**, tägl. 8–mind. 15 Uhr, Eintritt frei
› **Route of Aristotle:** Infos beim Restaurant Akrogiáli (s. S. 52) und unter Tel. 2376051257 (auch auf Deutsch)

25 Stratoníki und Stágira ★ [F2]

Στρατονίκη και Στάγιρα

Die **Zwillingsorte** Stratoníki und Stágira liegen in rund 500 m Höhe an den bewaldeten Ausläufern des **Bergs Stratonikó** (915 m). Rund 10 km sind es über die serpentinenreiche Landstraße ab Stratóni an der Küste bis hier hinauf. Neben der fantastischen **Panoramasicht** über die Bucht von Ierissós 21 und zur Halbinsel Áthos lohnt sich ein Ausflug in die Zwillingsdörfer auch wegen des **schmucken Bauensembles** mit historischen Häusern und verwinkelten Gassen. In der Gegend wurde über Jahrhunderte Silber abgebaut und die beiden Dörfer galten während der osmanischen Zeit als sog. **Mademochória**, also Minendörfer.

Ein Besuch in der dem hl. Nikoláos geweihten **Dorfkirche von Stratoníki** mit ihrem roten Turm beweist noch heute, dass es der Gemeinde finanziell nicht schlecht ging. Der **Name** Stratoníki geht vermutlich auf die Schwester des mazedonischen Königs Perdíkkas (448–413 v. Chr.) zurück. Doch über die neuere Geschichte des Dorfes weiß man erst ab dem 16. Jh. Genaueres. Es entwickelte sich dank der Bergwerke, hieß aber bis 1926 **Ísvoro.**

Im nahen Bergdorf **Stágira** – nicht zu verwechseln mit dem **antiken Stágira** 24 an der Küste – vermutete man lange Zeit den Geburtsort von Aristoteles (s. S. 32), bis Ausgrabungen auf der Halbinsel Liotópi die Historiker eines Besseren belehrten.

Im hiesigen **Aristoteles-Park** sind neben seiner **Marmorstatue** auch zwölf Versuchsobjekte – darunter Pendel, optische Scheiben, ein Teleskop, ein Prisma, eine Wasserturbine usw. – ausgestellt, die Einblick in die physikalischen Erkenntnisse aus der Zeit des großen Philosophen gewähren. In unmittelbarer Nähe erkennt man Relikte **osmanischer Gebäude,** darunter das Wachhaus des Madem Ağa, ein Hammam und ein Turm als Überbleibsel einer ehemaligen Burg.

Von Stágira führen **Wanderrouten** nordwärts in das waldreiche **Naturschutzgebiet Krionéri Kalogerikó** ✿. Verlässt man den Ort in westliche Richtung, führt die Nationalstraße 16 durch ein teilweise bewaldetes und streckenweise landwirtschaftlich genutztes Tal über die Dörfer **Neochóri** und **Paleochóri**, bis man nach rund 16 km Arnéa 26 erreicht.

★93 **Aristotle's Park (Álsos Aristotéli),** Epar. O Thessaloníkis Ierissoú, Tel. 2376041327, tägl. 8–18 Uhr, Eintritt: 2 €, unter 18 Jahren frei

26 Arnéa ★★★ [E2]

Αρναία

Auch wenn es schwerfallen mag, die heilige Urlaubsroutine zwischen Wellen, Sonnenliege und Strandbar aufzubrechen, ein Besuch im bezaubernden, auf 600 m Höhe liegenden Bergstädtchen Arnéa im Landesinneren bereut man sicher nicht. Die osmanische Architektur des ausgehenden 19. Jh. ist hier noch allgegenwärtig.

Wer durch Arnéa spaziert, gerät schnell ins Schwärmen. Die **gepflasterten Gassen** führen vorbei an historischen, fast durchweg restaurierten, oftmals in Pastelltönen gestrichenen Gebäuden mit hölzernen Balkonen. Viele der schmucken Häuser besitzen **Informationstafeln**, die über ihre jeweilige Geschichte und nicht selten ehemalige Bewohner berichten.

Auch Arnéa zählte einst zu den osmanischen **Mademochória** genannten **Silberminengemeinden**, denn ein Gros der Einwohner schuftete entweder in den nahen Bergwerken oder im Tagebau. Als dann 1821 der Griechische Unabhängigkeitskrieg ausbrach, brannte die türkische Armee Arnéa und über 40 Dörfer in der Umgebung nieder. Erst 30 Jahre später erholte sich der Ort und wurde zu einem wichtigen Handelsplatz der zentralen Chalkidikí. Speziell als Produktionsstätte für die **Flokáti** genannten **Schafwollteppiche** und die gewebten, beidseitig mit Mustern versehenen **Kelims** machte sich Arnéa bis in die 1970er-Jahre einen Namen. Das **Volkskundemuseum** (Folklore Museum) und das **Webereimuseum** (Weaving Museum) geben in Form von wunderschönen Teppichen und histo-

Das fotogene Ortszentrum von Arnéa hat reichlich historische Bausubstanz zu bieten

043mt-dk

rischen Webstühlen Einblick in dieses Kapitel der Stadtgeschichte.

Bis heute sind das 2500-Seelen-Städtchen und seine Umgebung zudem für **Wein** (s. S. 114) **und Honig** (s. S. 117) bekannt. Diese lokalen Produkte kann man etwa in den Shops auf dem **Pazarí** genannten Hauptplatz erwerben. Einen Streifzug durch Arnéa beginnt man am besten hier. Jeden Mittwochvormittag findet im Zentrum ein **Bauernmarkt** statt.

Folgt man der Hauptstraße namens Aristotélous in nordöstliche Richtung, erreicht man nach kaum 200 m das schmucke Gebäude der **Stadtverwaltung** mit dem **Uhrturm** – dem Wahrzeichen Arnéas. Nur einen Steinwurf entfernt steht die **Metropolitankirche Agíou Stefánou.** Hinter dem Kirchengelände führt die Mitropolítou Arnéas Nikodímou genannte Straße in nördliche Richtung bis zur etwa 1 km entfernten, in einem Waldstück gelegenen **Kapelle Ágia Paraskeví.** Im nahen Restaurant **Bakatsiános** (s. S. 56) kann man sich nach einem Besuch stärken.

Wer hingegen nach Westen in Richtung Thessaloníki oder Polígiros 10 unterwegs ist und Hunger hat, der sollte in **Ágios Pródromos** [D3] einen Stopp einlegen. Das Angebot an **Souvláki-Lokalen** ist hier besonders groß.

Die Bergregion um den Cholomóndas – ein Naturparadies

Über eine serpentinenreiche Landstraße erreicht man von Arnéa 26 aus in südwestlicher Richtung die zentrale Bergregion. Hier erhebt sich der 1165 m messende Cholomóndas [E3], der damit den höchsten Gipfel der „weltlichen" Chalkidikí darstellt, denn der heilige Berg Áthos ist mit 2033 m natürlich noch ein ganzes Stück höher. Die gesamte Gegend ist dicht bewaldet, wobei Buchen, Eichen und zahlreiche Laubbäume den Löwenanteil ausmachen.

Ein großer Teil des Bergs und der umliegenden Landschaften gehören zum **Natura 2000** genannten Netzwerk der EU, einem Programm zum Schutz von Tierarten und ihren Lebensräumen. Mit etwas Glück sieht man hier Schrei- und Zwergadler, aber auch andere Vogelarten wie Eule, Specht, Wiedehopf, Rotkopf- und Schwarzstirnwürger. Leider sind nach wie vor absichtlich gelegte Waldbrände keine Seltenheit, wovon so manche Lichtung zeugt. Wer in diesem einsamen Landstrich wandern möchte, findet verschiedene, teilweise markierte Wege vor, die unter anderem auf den Gipfel führen.

Wer sich mit saftigen Wildschweinkoteletts und -souvláki stärken möchte, sucht auf dem Weg nach **Taxiárchis** [E3] am südlichen Berghang die schlichte, aber viel gelobte Bergtaverne **O Sógambros** auf. Ein Halt im besagten Taxiárchis sei übrigens ebenfalls empfohlen, denn bei einem Streifzug durch den Ort erhascht man immer wieder einen großartigen Fernblick und auf dem zentralen Dorfplatz locken einige gemütliche Lokale. Viele Dorfbewohner sind bis heute im Holzgeschäft tätig, denn hier werden Fichten als Weihnachtsbäume angebaut.

100 Tavérna O Sógambros €-€€, Taxiárchis, ca. 5 km nördlich des Ortes, Tel. 2371094466. Im Sommer sitzt man draußen unter Bäumen, im Winter drinnen am Ofen. Neben bodenständiger Kost erhält man auch Informationen zu diversen Wanderungen in der Gegend.

94 Historical Folklore Museum Arnéa, rund 100 m westlich vom Hauptplatz, Tel. 2372350100, Fr–Mi 10–14 (Juni–Sept. tägl. 10–18 Uhr), Eintritt: 2 € (Kombiticket mit Weaving Museum)

95 Weaving Museum (Musío Ifantikís), südlich des Hauptplatzes, Tel. 2372351100, Fr–Mi 10–14 (Juni–Sept. tägl. 10–18 Uhr), Eintritt: 2 € (Kombiticket mit Historical Folklore Museum)

Essen und Trinken

96 Aristotélous, am Hauptplatz, Tel. 2372022531, Facebook: aristotelous.arnaia. Einladendes Café im Dorfkern, in dem Eis, Salate und herzhafte Kleinigkeiten aufgetischt werden.

97 Bakatsiános €€–€€€, Epar. O. Néo Rísio Arnéa, Tel. 2372022750, www.bakatsianos.gr. Vielfach ausgezeichnetes, nördlich der Stadt im Waldabschnitt nahe der Kapelle Ágia Paraskeví zu findendes Gourmetrestaurant mit hervorragenden Grillgerichten, aber auch einem reichen Angebot an vegetarischen Leckerbissen.

98 O Plátanos €–€€, O. Filíppou 1, Tel. 6940003818. Hier gibt es Spezialitäten vom Grill mit Fleisch aus der Region.

Einkaufen

99 Méli Georgáka, O. Aristotélous 59, Tel. 2372022807, www.honeygeorgaka.com. Das ultimative Honig-Schlaraffenland mit unzähligen Variationen.

27 Pirgadíkia ★★ [F4]

Πυργαδίκια

Nordöstlich der Halbinsel Sithonía formt der Singitische Golf eine weite Bucht, deren Küste zunächst durch recht kleine, eng eingefasste Strandabschnitte gekennzeichnet ist. Ausgangsort für die Erkundung dieser wenig touristischen, von Landwirtschaft geprägten Region ist das auf einem Felsvorsprung gelegene Dorf Pirgadíkia.

Bekannt ist das zwischen Olivenhainen gelegene 350-Seelen-Örtchen besonders für seine **Kirche Panagía Kastrélla,** in der eine **Ikone der Jungfrau Maria** ausgestellt ist, die von den Gründern des Ortes, Flüchtlingen aus Kleinasien, mitgebracht wurde. Die Legende erzählt, dass die Ikone von den Osmanen geschändet wurde und

045mt-dk

man sie erst mit viel Glück – oder göttlicher Hilfe – wieder im Meer fand.

Besonders touristisch geht es in Pirgadíkia nicht zu, dafür gibt es auf dem Hauptplatz gleich am Hafen und in der näheren Umgebung mehr als zehn **Tavernen**, die u. a. zum sonntäglichen Mittagessen vorrangig von Einheimischen frequentiert werden.

In unmittelbarer Nähe zum Ortskern sind **Spaziergänge entlang der Küste** möglich, bei denen man immer wieder abgelegene kleine Felsbuchten entdeckt, die zur Abkühlung und zum **Schnorcheln** einladen.

Der Hauptstrand des Ortes ist der 2 km nördlich gelegene **Kámbos Beach** (auch **Ladharió Beach**), der auf fast 1 km Länge eine Mischung aus Kies und Sand bietet. Voll wird es hier selten und wer möchte, kann den Überresten des byzantinischen **Pilorus-Turms (Pírgos Pilórous)** an der südlichen Seite des Strandes einen Besuch abstatten. Weitere Strände finden sich westlich des Ortes – hervorhebenswert ist v. a. der über mehrere von Felsen eingefasste Buchten verlaufende **Gialáki Beach.**

Essen und Trinken

101 I Áfthoni €€, am Hauptplatz, Tel. 2375093106, Facebook: Taverna-Afthoni-Pyrgadikia. Besonders die Muscheln sind in dieser Taverne legendär, aber auch sonst isst man hier tadellos.

102 Koúros €€, leicht versetzt hinter dem Hauptplatz, Tel. 2375093168. Kleines, nett eingerichtetes Lokal mit schmackhaften rustikalen Speisen. Am schönsten sitzt man unter der schattigen Platane.

Ein Fischerboot dümpelt im Hafen von Pirgadíkia auf dem Wasser

28 Develíki ★★ [G3]

Δεβελίκι

Wer sich nach Ruhe sehnt, der sollte sich ins entspannt-abgeschiedene Develíki begeben.

Die Landschaft östlich von Pirgadíkia 27 ist hügelig und mit Macchia und Wald überzogen, Landwirtschaft wird hier kaum betrieben. Von der zwischen Polígiros 10 und Ierissós 21 verlaufenden Landstraße führen nur ein paar **Schotterpisten** hinab ans Meer. Im Landesinneren wohnt kaum jemand und an der Küste ist das kleine, verstreut gelegene Develíki die **einzige Siedlung** weit und breit. Neben einer Handvoll einfacher Unterkünfte und zwei Tavernen gibt es hier Ruhe und Entspannung im Überfluss. Besucher erwartet echte **Strandidylle,** die Atmosphäre erinnert ein bisschen an die Hippie-Zeit der 1970er-Jahre. Aber nicht nur Nostalgiker werden den Abstecher genießen. Kilometerweit erstreckt sich der überwiegend feinsandige **Develíki Beach** entlang der Küste, nur hier und da wird es im Wasser steinig. Im Westen geht der Strand fast nahtlos – nur einige Felsabschnitte markieren die Grenze – in den noch einsameren **Pírgos Beach** [G4] und im Osten in den **Xiropótamos Beach** samt kleiner Siedlung über. Wer hierher kommt, möchte dem Trubel der Strände von Kassándra oder Sithonía entfliehen. Dass man dabei auf ein bisschen Komfort verzichten muss, versteht sich von selbst.

103 Diónisos €-€€, leicht versetzt hinter dem Strand, Tel. 2377023804, www.develiki.com. Die originell gestaltete Taverne gibt es seit Jahrzehnten. Man sitzt schattig am Wasser, aufgetischt werden Fleisch und Fisch vom Grill sowie lokale *Mezédes.*

Halbinsel Kassándra

Χερσόνησος της Κασσάνδρας

Für das Gros der Chalkidikí-Besucher ist die Halbinsel Kassándra das vorrangige Ziel. Die Strände hier sind fast ausnahmslos bilderbuchreif und die Qualität des glasklaren, türkis leuchtenden Wassers ist praktisch überall ausgezeichnet. Mit einer Länge von knapp 50 km und einer maximalen Breite von 14 km ist die Kassándra überschaubar und lässt sich problemlos mit dem eigenen Fahrzeug oder öffentlichen Bussen erkunden.

Ihren **Namen** verdankt die Kassándra dem makedonischen König Kassander (350–297 v. Chr.). Eine Halbinsel ist sie übrigens streng genommen nicht, denn in Néa Potídea 29 trennt sie ein künstlich geschaffener **Kanal** vom Festland.

Urlauber haben die Qual der Wahl zwischen einem der **Badeorte** wie Sáni 30 und Síviri 32 an der Südküste oder Pefkochóri 38 und Chanióti 39 an der Nordküste, in denen die touristische Infrastruktur vorbildlich ist. Etwas authentischer und typisch griechisch geht es in **traditionellen Dörfern** wie Foúrka 33, Palioúri 37 und dem wundervollen Áfitos 41 zu, wo sich der Tourismus langsamer entwickelt hat. Hier findet man häufig zweigeteilte Siedlungen vor, die sich einerseits noch fast verschlafen und andererseits auf den Fremdenverkehr ausgerichtet präsentieren.

Sehenswert sind der beinahe unendliche **Strand bei Posídi** 34 und der abseits in den Bergen gelegene, für seine Schildkröten bekannte **Mavróbara-See** (s. S. 73), der sich im Rahmen eines Streifzugs erkunden lässt.

Weitere lohnende Ziele für **Wanderer** finden sich entlang des bewaldeten, **Kamboúra tis Kamílas** („Kamelrücken") genannten Bergkamms in der Mitte der Halbinsel, z. B. zwischen den Bergdörfern Ágia Paraskeví (s. S. 67) und Kassandrinó (s. S. 64) und von dort weiter nach Kriopigí [E6].

Auch **historische Denkmäler** gibt es auf der Peninsula, darunter die Ausgrabungsstätte des Zeus-Ammon-Tempels in Kallithéa 40 oder der byzantinische Wachturm in Néa Fókea 42. Wer hingegen dem Thema **Wellness** frönt, der sollte sich ins **Heilbad von Loutrá** 36 aufmachen.

› https://kassandra.gr

29 Néa Potídea ★★ [D5]

Νέα Ποτείδαια

Néa Potídea gilt als das Tor der Kassándra, muss man hier doch zwangsläufig vorbei, wenn man vom Festland auf die Halbinsel kommt. Der heutige Ort wurde ab 1923 von Geflüchteten aus Ostthrakien erbaut, doch eine Siedlung bestand bereits seit dem 7. Jh. v. Chr.

Es bot sich an, an der schmalsten Stelle der Landzunge einen **Kanal** anzulegen, der den **Thermaischen Golf** mit der **Bucht von Toroneos** verbindet und damit ihre Umschiffung obsolet machte. Bis heute besteht dieser Kanal, der in seiner jetzigen Form auf die 1930er-Jahre zurückgeht. Es handelt sich aber letztlich nur um den Ausbau einer weitaus älteren Konstruktion, von der noch die antiken Quermauern sowie Relikte einer **Befestigungsanlage** und ein Grab zeugen.

☐ Die Kirche im Zentrum von Néa Potídea ist imposant und kunstvoll gestaltet

Ursprünglich als eine Kolonie von Korinthern gegründet, entwickelte sich die einst nur Potídea genannte Ortschaft später zusammen mit Ólinthos 15 zum politischen Zentrum der Chalkidikí. Ihr Austritt aus dem Athener Bündnis war eine der Ursachen für den **Peloponnesischen Krieg.** Im Jahr 357 v. Chr. wurde Potídea von **Makedoniern** erobert und zerstört, nach dem Wiederaufbau durch König Kassander (350–297 v. Chr.) erhielt der Ort zunächst den Namen Kassandría. Wohl im 1. Jh. v. Chr. wurde dann der Kanal angelegt, der die strategische Bedeutung des Standorts nochmals unterstrich. Es folgten die Römer, Byzantiner, Venezianer und ab 1430 die Osmanen, die 1821 im Zuge des griechischen Freiheitskampfes Kassandría erneut vollständig zerstörten. Erst durch die Ansiedlung von Flüchtlingen infolge des Bevölkerungsaustauschs (s. S. 121) wurde der Ort wiederbelebt und erhielt seinen heutigen Namen.

Mittlerweile ist Néa Potídea ein moderner, wenn auch relativ unspektakulärer **Ferienort,** der aber als einziger der Chalkidikí an **zwei Küsten** liegt. Über eine **Brücke** führt die Nationalstraße 24, die für einen gewissen Geräuschpegel und eine Zweiteilung der Ortschaft sorgt.

Ein Streifzug entlang des **Kanalufers** mit den bereits erwähnten historischen Zeugnissen ist eines der Highlights. Hier liegt auch der kleine **Fischerhafen.**

Néa Potídeas **Hausstrand** erstreckt sich am Rande des modernen Stadtteils am **Ostufer** über rund 2 km, wobei der nördliche Bereich kurz vor Beginn des Kanals breit und gut besucht ist. Nach etwa 1,2 km in südliche Richtung wird der Strand jedoch schmaler und zunehmend leerer.

Die touristische **Infrastruktur** in Néa Potídea ist gut ausgebaut: Bars, Cafés, Restaurants, Tavernen und Minimärkte finden sich reichlich und auch beim Thema Unterkünfte bleiben dank etlicher Hotels und Apartmentanlagen keine Wünsche offen. Entspannt geht es im authentisch griechischen Westteil des Städtchens zu.

048mt-dk

Wer sich über den Kanal nach Norden aufmacht, findet mit dem **Ágios Mámas Beach** [D4] einen rund 10 km langen Küstenstreifen, der sich nahtlos bis zum Kalíves Beach westlich von Gerakiní 16 fortsetzt. Hier ist das Angebot an Strandbars und Wassersportveranstaltern stellenweise groß, aber es gibt auch ruhigere Abschnitte. Oberhalb dieses Strandes verläuft die als Landschaftsschutzgebiet ausgewiesene **Lagune Igroviótopos Agíou Máma**, in der man saisonal **Flamingos** beobachten kann.

Essen und Trinken

104 Argonáftes €€, in der Hafengegend, Tel. 2373043340, http://argo-nautes.gr. Ansprechende Ouzerie mit schattiger Terrasse und typisch griechischer Atmosphäre.

105 Marina (Néa Potídea) €€€, in der Hafengegend, Tel. 2373041570, www.marina-fish.gr. Edles Fischlokal mit großartiger Küche und dabei alles garantiert frisch!

106 Párko €€-€€€, im Ortszentrum, Tel. 2373043043, http://parkorestaurant.com. Café und Grillrestaurant zugleich. Hier werden üppige Fleischgerichten serviert, abends erklingt Livemusik.

107 Ta Kástra €-€€, direkt am Kanal, Tel. 2373043292. Einfach, aber romantisch geht es in dieser Taverne zu. Speziell die Fischgerichte sind der Hit.

30 Sáni ★★ [D6]

Σάνη

Sáni an der Westküste der Halbinsel Kassándra ist kein natürlich gewachsenes Dorf, sondern ein luxuriöser Ferienort mit einer Reihe von Resorthotels, die entlang der bezaubernden Küste gebaut wurden. Die Sandstrände gehören zu den schönsten der Chalkidikí und das hügelige, mit Pinienbäumen bewachsene Umland ist das ideale Terrain für Wanderungen und Radtouren.

Sáni mit seinen Hotelanlagen wurde ab den 1960er-Jahren planmäßig angelegt, um eine künstliche **Feriensiedlung** zu schaffen und die Region international bekannter zu machen. Das dominierende Anwesen ist das exklusive **Sani Resort** (s. S. 15). Auf dem 1000 ha großen Areal finden sich Restaurants und Bars, edle Boutiquen, Poolanlagen, ca. 7 km Strand und die Marina, ein ovales Hafenbecken, in dem v. a. Privatjachten anlegen. Zutritt zu den Unterkunftsbereichen ist nur Hotelgästen gestattet (auch die Zufahrt in die Anlage per Pkw wird beschränkt), doch die **Strände**, die **Marina** und auch die **Landzunge**, auf der der **byzantinische Turm von Stavronikíta (Pírgos Stavronikítas)** steht, sind für jedermann zugänglich.

049mt-dk

Wer nicht im Resort selbst wohnt, findet im Umkreis zahlreiche weitere, meist **hochpreisige Unterkünfte**, von denen viele in stattlichen Villen untergebracht sind, aber auch einen **Campingplatz** gibt es hier.

Sáni Beach erstreckt sich vom Campingplatz gut 600 m südwärts und ist von einer Reihe von Strandbars und Lokalen gesäumt. Noch ein Stück weiter südlich und am besten über jene Straße zu erreichen, die an der Gabelung etwa 3 km vor Sáni links abzweigt, liegen weitaus ruhigere Strände. Hierzu zählen der einfache **Simántro Beach** mit Ausgrabungen einer antiken Siedlung aus dem 5. Jh. v. Chr., der schmale, aber schattige **Kípsa Beach** und der kleine **Chelóna Beach**, auch bekannt als Turtle's Beach, der vor einem landwirtschaftlich genutzten Gelände liegt.

Wer **wandern** oder **Rad fahren** möchte, begibt sich in die weiten Pinienwälder rund um das Kap oder nutzt das **ausgeschilderte Wegenetz** bis nach Síviri 32 (ca. 2½ Std.). Alternativ kann man sich auch von Sáni aus per pedes nach Norden aufmachen: Oberhalb der besagten Landzunge setzt sich jenseits des bewirtschafteten Strandes ein wilder Küstenabschnitt fort, über den man ein großes **Feuchtgebiet** namens **Igroviótopos Sáni** erreicht, das über **200 Vogelarten** beherbergt. Ebenfalls hier, ca. 3 km von Sáni entfernt, finden sich die Überreste eines **römischen Gutshofs** mitsamt einigen frühchristlichen Gräbern.

056mt-sb

Auch in Kassandría gibt es typisch orthodoxe Kirchenbauten zu entdecken

Ideal für den Cluburlaub: das Sani Resort (s. S. 15)

31 Kassandría ★ [D6]

Κασσανδρεία

Der **Hauptort** der Halbinsel Kassándra wird von den meisten Besuchern nur unter „ferner liefen" wahrgenommen. Dies liegt gewiss daran, dass sich das 2800 Einwohner zählende Städtchen nicht am Meer, sondern etwas versetzt im **Landesinneren** befindet. In Kassandría endet die **Nationalstraße 24**, Landstraßen führen nach Síviri 32 an der Westküste oder nach Kallithéa 40 an der Ostküste.

Der auch als **Válta** bekannte Ort verfügt über alle notwendigen öffentlichen Einrichtungen, darunter eine Polizeiwache, ein Gesundheitszentrum, diverse Bankfilialen und ein großes Angebot an **Einkaufsmöglichkeiten**, v. a. entlang der viel befahrenen Hauptverkehrsstraße. Selbst eine Philharmonie und ein Konservatorium gibt es vor Ort – hier werden ab und zu **Konzerte** und andere kulturelle Events organisiert.

Lohnend ist ein Streifzug durch den historisch gewachsenen Ort mit seiner hübschen Platía und seinen bisweilen engen Gassen, denn hier sieht man noch viele alte Steinhäuser. Aufschlussreich ist ein Besuch der zwei Gotteshäuser im Ort, die beide in den

1850er-Jahren erbaut wurden: die **Kirche Ierós Naós Genníseos tis Theotókou** (in etwa: Genesis der Jungfrau Maria) mit ihrem markanten Glockenturm und die kleinere **Kirche Ágios Athanásios.** Außerdem sollte man dem ansprechenden, 1926 gebauten **Rathaus** einige Blicke schenken. Wer sich in den Nordwesten des Ortes aufmacht, findet eine zwar etwas verfallene, aber dennoch deutlich als solche erkennbare **historische Windmühle.**

108 Bougátsa Andréas €, am Hauptplatz, Tel. 2374025651, Facebook: anapsy ktirio.andreas. Beliebtes Imbisslokal mit lauschiger Terrasse unter einer Platane. Bougátsa (gefüllte Blätterteigpastete), Burger oder viele salzige und süße Leckerbissen aus dem Ofen.

32 Síviri ★★ [D6]

Σίβηρη

Speziell bei griechischen Urlaubern ist Síviri einer der begehrtesten Ferienorte der Chalkidikí und irgendwie hat man es hier geschafft, trotz steigender Besucherzahlen das lokale Flair zu bewahren. Bettenburgen fehlen gänzlich, dafür gibt es Apartmentanlagen, komfortable Hotels, familiengeführte Pensionen und Zimmervermietungen sowie traditionelle Tavernen, einladende Strandbars und gemütliche Cafés.

Sivíri „schuldet" seinen Erfolg im Besonderen dem **wundervollen Küstenstreifen** mit dem blaugrün schimmernden, kristallklaren Wasser und dem flachen, beinahe weißen Sandstrand, der sich über etwa 1,5 km erstreckt. Felsen gibt nur an den äußersten Flanken.

Síviri selbst bietet ein vernünftiges Angebot an **Gastronomiebetrieben** – neben Tavernen auch Gyroslokale und Pizzerien – und ferner eine Handvoll Shops im Umkreis der **Platía** unmittelbar hinter dem Strand. Auch der **winzige Hafen,** bestehend aus einem einzigen betonierten Steg, liegt hier. Parallel zum Meer verläuft eine **Uferpromenade.**

Bekannt ist Síviri nicht zuletzt für das etwas außerhalb gelegene **Amphitheater,** in dem alljährlich von Mitte Juli bis Mitte August das **Kassándra-Festival** (s. S. 111) mit Musik-, Tanz- und Theateraufführungen stattfindet.

Beachtenswert ist ferner das durch Landwirtschaft und **Wälder** geprägte Umland: So finden sich hier Eichen und andere Pflanzen, die auf der Chalkidikí sonst eher selten wachsen.

Aktivurlaubern sei neben diversen **Wassersportarten** eine reizvolle **Wanderung** in das nördlich gelegene Sáni 30 (ca. 2½ Std.) empfohlen, die zumeist parallel zur Küste ver-

050mt-sb

Lust auf Strandleben? In Síviri kommen Badeurlauber auf ihre Kosten.

läuft. Auf dem Weg dorthin kann man einen Zwischenstopp am lediglich ca. 350 m langen **Eláni Beach** einlegen. Während es rund um die kleine Beachbar im nördlichen Bereich recht lebendig zugeht, zeigt sich der südliche Strandabschnitt ausgesprochen ruhig. Durch den sich bis ans Ufer ausdehnenden Wald ist es hier auch schattig. In diesem Bereich lockt zudem eine Taverne.

Essen und Trinken

109 Ámmos Lounge Bar, nördlicher Strandabschnitt, Tel. 2374023615, Facebook: ammosbarsiviri. Beliebte Strandbar mit großem Angebot an Getränken und Imbissgerichten.

110 Diamantís €€, zentraler Strandabschnitt, Tel. 2374022273, Facebook: DiamantisFishtaverns. Diese Taverne trumpft mit ihrer Lage direkt an der Uferpromenade auf. Ob Fisch oder Meeresfrüchte, hier ist alles garantiert frisch und lecker.

Einkaufen

111 Gaia Kallisti (1), am Nordostrand, Tel. 2374023855, https://gaiakallisti.gr. Viel gerühmter Delikatessenladen mit Oliven, Olivenöl und Honig aus eigenem Anbau, Kosmetikartikeln, Seifen u. v. m.

33 Foúrka ★ [D6]

Φούρκα

Foúrka ist ein typisches Bergdorf, gekennzeichnet von traditionellen Steinhäusern, schattigen Innenhöfen und mit Blumen geschmückten Vorgärten. Ortsfremde kommen nur selten hierher und das Umland ist von Pinienbäumen und Olivenhainen geprägt. Ganz anders geht es im etwa 3 km entfernten Skála Foúrkas zu, denn in dieser Küstensiedlung ist man v. a. auf Badeurlauber eingestellt.

Der **Gegensatz** zwischen dem beschaulichen Dorf im Landesinneren und dem lebhaften Zwillingsort am Meer mit seinen Cafés, Strandbars, Restaurants, Fastfood-Läden und Supermärkten sowie Hotels und Apartmentanlagen könnte kaum größer sein.

Das an einem meist ausgetrockneten Flussbett gelegene, von dichtem Wald umgebene **Foúrka** besticht durch seine **Authentizität** und das ruhige, beinahe verschlafen wirkende Flair, dem man etwa rund um den Hauptplatz nachspüren kann. Hier steht die sehenswerte **Kirche Ierós Naós Trión Ierarchón** (in etwa: Heiliger Tempel der drei Kirchenväter). Man kann einen kleinen Streifzug durch das Dorf unternehmen und dabei auch in den beiden anderen Gotteshäusern eine Stippvisite einlegen: der **Ágia Paraskeví** und der **Ágios Athanáios** mitsamt Friedhof. Letztere ist dank ihrer Fresken sehr sehenswert.

Der am Meer gelegene Ort **Skála Foúrkas** – häufig auch **Paralía Fourká** (*paralía* = Strand) genannt – ist eine kleine Siedlung, die sich gänzlich dem **Fremdenverkehr** verschrieben hat. Historische Bauwerke finden sich hier kaum noch, sieht man von einigen Fischerhäusern und einem Lagerhaus ab. Der **Sandstrand** und das kristallklare, teilweise von Steinen gesäumte Wasser sind zwar attraktiv, doch in der Hochsaison wird es voll und das Überangebot an touristischen Einrichtungen raubt Skála Foúrkas ein Stück weit seinen Zauber. Familien mit Kindern finden im Ort einen kleinen **Vergnügungspark** namens Sideris.

★**112 Sideris Park**, südlich des Hauptplatzes von Skála Foúrkas, Tel. 6981034058

051mt-dk

⌃ *In den Tavernen von Posídi speist man romantisch direkt am Wasser*

MEIN TIPP

Zeitreise gefällig? Ausflug nach Kassandrinó

Von Foúrka 33 sind es ca. 3,5 km bis ins bezaubernde **Bergdorf Kassandrinó** [E6]. Bei einem Besuch dort kann man Taucherbrille und Schwimmreifen getrost im Hotel lassen. Strand und Meer gibt es in diesem gerade einmal 250 Einwohner zählenden Örtchen nicht, dafür viele **Schafe** und eine üppig-grüne Umgebung. Kassandrinó präsentiert sich als **geruhsames Refugium** fernab von jeglichem touristischen Trubel, in dem die Uhren noch langsam ticken.

Das waldreiche Umland ist prädestiniert für **ausgiebige Wanderungen,** beispielsweise nach Ágia Paraskeví [E-F7] bzw. hinunter an die Küste nach Móla Kalíva [E6-7] oder über Kriopigí [E6] an den Pigadákia Beach.

115 O Záchos €-€€, im Dorfkern, Tel. 2374042390, Facebook: ozaxos. Auf karnivore Gaumenfreuden spezialisierte Taverne mit behaglicher Terrasse.

Essen und Trinken

113 Gozo – Dine & Dance €€-€€€, am zentralen Strandabschnitt, Skála Foúrkas, Tel. 6986959796, www.gozochalkidiki.gr. Exklusives Restaurant mit Bar und Nightclub. Fusion-Küche von Burgern über Sushi bis zu griechischen *Mezédes.*

114 O Chrónis €-€€, im Dorfzentrum von Foúrka, Tel. 2374041080. Sympathisches Dorflokal mit Grillgerichten. Besonders lauschig sitzt man im Garten.

34 Posídi ★★ [D7]

Ποσείδι

Die südlich von Skála Foúrkas gelegene Landzunge ist bereits seit der Antike bewohnt und nach dem Meeresgott Poseidon benannt. Ihm zu Ehren wurde hier ein Tempel mit Blick auf den sagenumwobenen Olymp errichtet. Bis heute strahlt die Gegend eine gewisse Magie aus, nicht zuletzt dank ihrer fantastischen Strände mit glasklarem Wasser.

Die **spitz zulaufende Landzunge** firmiert unter dem Namen Posídi (auch Possídi), wobei es sich weniger um eine klassische Ortschaft handelt als vielmehr um eine **Streusiedlung,** bestehend aus privaten Sommerhäusern, Apartment- und Hotelanlagen, einem Campingplatz und Infrastruktur für Badeliebhaber. Das Zentrum von Posídi befindet sich an der Südküste der Landenge, wo sich einige **Tavernen** angesiedelt haben. **Unterkünfte** finden sich hingegen im von Landwirtschaft geprägten Hinterland.

Die umliegenden Sandstrände – **Posídi Beach** im Süden, **Posídi West Beach** im Westen und der sich nördlich anschließende **Aigiopelagítika Beach** (gesprochen: Egeopelagítika) – messen insgesamt erstaunliche 6 km in der Länge. Voll wird es höchstens in unmittelbarer Nähe der großen Hotels, dafür hat man anderswo häufig viel Platz für sich allein. Besonders sehenswert ist die lang gezogene, an drei Seiten vom Meer umspülte **Sandbank**, die das **Kap Posídi** markiert. Hier steht ein 1863 erbauter **Leuchtturm.** Auf dem Weg vom Dorfzentrum zu diesem Leuchtturm liegen die spärlichen, eingezäunten Überreste des bereits erwähnten **Poseidon-Tempels (Sanctuary of Poseidon).**

Folgt man ab Posídi der Landstraße in nordöstliche Richtung leicht bergan, erreicht man nach knapp 2 km das kleine Bergdorf **Kalándra** [D6]. Neben der großen Dorfkirche und dem benachbarten Hauptplatz ist auch die kleine **Kapelle der Panagía Plastariótissa** nordwestlich des Ortes

Durch Handel reich – das antike Méndi

Wer von Posídi 34 über Kalándra [D6–7] nach Móla Kalíva [E6–7] fährt, ahnt kaum, dass in dieser Gegend einst eine Hafenstadt lag, die Geschäfte mit weit entfernten Reichen entlang des Mittelmeers machte.

Méndi wurde wahrscheinlich im 9. Jh. v. Chr. von Siedlern der Insel Euböa gegründet und erhielt seinen Namen von der Minthe-Pflanze, einer Minzart, die noch heute in der Gegend wächst. Im 5. Jh. v. Chr. wurde die Stadt zu einem der wichtigsten Verbündeten Athens und trat dem Delischen Bund, auch bekannt als Attischer Seebund, bei. Doch bereits im Jahr 423 v. Chr. lehnte man sich gegen die athenische Herrschaft auf. Während des Peloponnesischen Krieges war Méndi zwischen Athen und Sparta umkämpft und erlangte erst Jahre später wieder seine Unabhängigkeit. Als im 4. Jh. v. Chr. der Chalkidische Bund gegründet wurde, versuchte die Stadt, sich zunächst der olynthischen und dann der makedonischen Herrschaft zu entziehen. Letztlich wurde Méndi wohl 315 v. Chr. zerstört.

In der hügeligen Gegend südöstlich von Kalándra, unmittelbar am Meer und über eine befahrbare Piste erreichbar, erstreckt sich das archäologische Hauptareal mit einer Fläche von rund 72 ha. Man erkennt noch die Überreste der Akropolis, auch ein Teil der mit Kieselsteinen gepflasterten Hauptallee der sog. Proástio (Vorstadt) wurde freigelegt. Weiter östlich wurde außerdem die Nekropole der Stadt mit 241 Gräbern gefunden. Ein Besuch der unter Wellblechdächern untergebrachten Ausgrabungsstätte mag zwar nur etwas für archäologisch geschulte Augen sein, ein Spaziergang in dem weitestgehend naturbelassenen Areal oberhalb des Meeres ist jedoch durchaus reizvoll.

★118 **Ancient Mendi Archaeological Site (Archeologikós Chóros Méndis)**, Kalándra, frei zugänglich, Eintritt frei

sehenswert, deren Wände hervorragend erhaltene Fresken aus dem Jahr 1619 zieren. Die Umgebung von Kalándra mit ihren Olivenhainen lädt zu **Wanderungen** ein, denn von hier oben genießt man immer wieder einen **herrlichen Fernblick** hinunter auf die Küste. Weitere 2,5 km südöstlich des Dorfes, jedoch wieder am Meer, befinden sich die dürftigen Reste der **antiken Stadt Méndi** (s. S. 65).

Essen und Trinken

- **116 Stou Thanási** €-€€, am Hauptplatz, gegenüber der Dorfkirche, Kalándra, Tel. 2374042732. Einfache Dorftaverne am ruhigen Hauptplatz, in der man die üblichen Leckerbissen der einheimischen Küche und Bier der Marke Mamos bekommt.
- **117 To Stéki tou Vasilá** €€, im Ortszentrum, Posídi, Tel. 2374043206. Viel gepriesenes Fischlokal direkt am Ufer von Posídi. Reiche Auswahl an allem, was aus dem Meer kommt und mundet (Preise nach Gewicht).

35 Néa Skióni ★ [E7]

Νέα Σκιώνη

Zwischen Posídi 34 im Westen und Loutrá 36 im Osten erstreckt sich ein abwechslungsreicher Küstenstreifen: Zum einen gibt es Sand- und Kiesstrände, zum anderen felsige Abschnitte. Das Umland ist stark landwirtschaftlich geprägt, gespickt mit Feldern und Olivenhainen, zwischen denen hin und wieder Pensionen und Ferienhaussiedlungen zu finden sind. Der Hauptort dieses Landstrichs ist das kleine Néa Skióni mit seinem Fischerhafen.

Wer aus Kalándra kommt, erreicht zunächst **Móla Kalíva** [E6], eine lang gezogene Siedlung, die erhöht über dem schmalen Kiesstrand liegt, den man über Treppen erreicht. Zwar gibt es im Ort mehrere privat geführte Unterkünfte, dafür fehlen große Hotels komplett, weshalb ein Aufenthalt hier definitiv von Ruhe geprägt ist. Dies gilt noch einmal mehr für die umliegenden Strände wie den oft menschenleeren **Ánemi Beach** und jenen in **Louloúdia.**

Etwas lebendiger geht es im rund 7 km weiter östlich gelegenen **Néa Skióni** zu, wenngleich es trotz steigender Touristenzahlen verhältnismäßig unaufgeregt und selten überlaufen ist. Der oft nur Skióni genannte Ort wurde erst 1918 gegründet und mutet ursprünglich und authentisch an. An derselben Stelle lag wohl bereits eine antike Stadt, von der man annimmt, dass sie die älteste aller Siedlungen auf der Halbinsel Kassándra war. Auch ihr Schicksal war, wie das von Méndi (s. S. 65), vom Machtkampf zwischen Athen und Sparta geprägt, was letztlich wohl im 4. Jh. v. Chr. zu ihrem Niedergang führte.

Wer das Dorf heute besucht, wird zunächst das beachtliche Angebot an **Cafés**, Ouzerien und Tavernen wahrnehmen, welche die hübsche **Uferpromenade** mit ihren steinernen Standbildern säumen. Der zentrale **Sandstrand** liegt gleich neben dem sehenswerten und nach wie vor in regem Betrieb befindlichen **Fischerhafen.**

Ein Besuch der 2 km östlich des Ortes an der Küste gelegenen, äußerst fotogenen **Wallfahrtskirche** aus dem 16. Jh. ist in jedem Fall eine Empfehlung. Sie ist der **Panagía Faneroméni** („Offenbarung der Muttergottes") geweiht und mit ihren **Wandmalereien** und der sagenumwobenen **Marienikone** aus Marmor ein echter Blickfang. Die Legende besagt, dass die

Jungfrau höchstselbst den Ort für den Bau der Kirche in Meeresnähe auswählte.

119 **Kirche Panagía Faneroméni,** an der Küstenstraße zwischen Néa Skióni und Loutrá, Tel. 2374061861, frei zugänglich

120 **Galíni** €€, Móla Kalíva, ca. 7 km westlich von Néa Skióni, Tel. 2374042233. Unmittelbar am Wasser gelegene, urige Fischtaverne mit großer Terrasse. Da findet man schnell seine ganz persönliche *galíni* („Seelenruhe“, aber auch „Windstille“).

36 Loutrá ★★ [E7]

Λουτρά

Von Pinien und Olivenbäumen flankiert, führt die zunehmend erhöht verlaufende Küstenstraße von Néa Skióni 35 ca. 5 km bis nach Loutrá. Der Name des Ortes bedeutet „Heilbad“ und tatsächlich gibt es hier ein solches, das von einer Thermalquelle gespeist wird.

Loutrá zeichnet sich durch seine über der Felsküste thronenden Lage aus. Nur im Westteil des Ortes gibt es einige Hotels und so manche nette Taverne, ansonsten werden hier nur ein paar Apartments vermietet und der kleine **Sand-Kies-Strand** unmittelbar neben dem **Fischerhafen** ist kaum der Rede wert.

Anders als die meisten anderen Orte der Halbinsel zieht das Dorf nicht vorrangig Strandliebhaber, sondern erholungsbedürftige **Thermalbadegäste** an. In der hiesigen, modern gestalteten **Therme** gibt es mehrere Schwimmbecken, Saunas (kein FKK), ein Dampfbad, ein Massagebecken, Anwendungen usw. – und all das vor der prächtigen Kulisse der bizarren Felsküste. Das 34,5 °C warme **Heilwasser** hat nachweislich therapeutische Eigenschaften, die u. a. bei Knochen- und Gelenkkrankheiten wie Rheuma, Arthritis oder Sehnenscheidenentzündung, Hautproblemen wie Schuppenflechte oder Akne und urologisch-gynäkologischen Erkrankungen wie chronischer Blasenentzündung helfen soll.

Genug von Wellness und Thermalbädern? Wie wäre es dann mit einer adrenalinfördernden Klettertour? In unmittelbarer Nähe des Ortes gibt es mehr als 35 angelegte **Klettersteige** (s. S. 108), die Wagemutige zusätzlich mit einem grandiosen Ausblick belohnen.

Weit weniger Kalorien verbrennt man dagegen bei einem Besuch im 5 km entfernten **Ágia Paraskeví** [E–F7] nördlich von Loutrá. Die entspannte Atmosphäre in diesem etwas verschlafen wirkenden **Bergdorf** im Hinterland stellt eine reizvolle Alternative zu den umtriebigen Küstenorten dar. Auf der Halbinsel Kassándra ist Ágia Paraskeví übrigens auch wegen seines köstlichen **Honigs** (s. S. 117) bekannt, den die lokalen Imker herstellen.

121 **Thermal Spa Ágia Paraskeví,** Loutrá, Tel. 2374071358, https://halkidikispa.com, Mo–Do 11–19, Sa/So 10–19 Uhr, Eintritt: ab 8 €, erm. 6 € (Sauna, Hydromassage oder andere Anwendungen kosten extra)

Essen und Trinken

122 **Archontikó** €-€€, neben der Dorfkirche, Ágia Paraskeví, Tel. 6977091523, Facebook: Archontiko-Agia-Paraskevi. Grillfleisch in bester Qualität gibt es in dieser einfachen Dorftaverne.

123 **Pink Banana & Opa** €€, direkt am Ufer, Loutrá, Tel. 6944832659, Facebook: Pinkbananagreece. Originelles Lokal unmittelbar am Strand von Loutrá. Griechische Küche, gute Getränke und

hervorragenden Kaffee gibt es hier in kreativ-buntem Dekor.

🍴124 Villa Stása €€-€€€, im südlichen Ortsbereich, Loutrá, Tel. 2374071227, Facebook: villastasabar. Eindrucksvoll in den Felsen über dem Meer thronendes Fischlokal mit traumhaften Sonnenuntergangsterrassen. Neben den Grillgerichten sind v. a. die Meeresfrüchtevariationen legendär.

37 Palioúri ★★★ [F7]

Παλιούρι

Palioúri ist der Name des östlichsten Dorfes der Halbinsel Kassándra; aber der Name bezeichnet zugleich den gesamten Ostzipfel Kassándras – inklusive der wunderschönen Küste um den Chroússo Beach und die felsige Landzunge Kap Kanastréo (s. S. 70), die sich ostwärts ins tiefblaue Meer ausdehnt.

Palioúri liegt ziemlich exakt an der Stelle, wo die Nationalstraße, welche die Halbinsel umrundet, aus Ágia Paraskeví kommend nach Norden abknickt. Einen Zwischenstopp in dem charmanten Ort mit seinen reizenden, oftmals noch aus dem 19. Jh. stammenden Gebäuden wird man nicht bereuen, nicht zuletzt, weil hier ein Mittagessen in der einen oder anderen einfachen **Taverne** lohnt.

Etwa 3 km nordwärts an der Küste erstreckt sich der bildschöne **Chroússo Beach.** Dieser wegen der Farbe seines feinen Sandes auch **Golden Beach** genannte, etwa 1,5 km lange Strand, der sich in eine sanft geschwungene Bucht schmiegt, kann getrost als einer der attraktivsten der gesamten Region Chalkidikí bezeichnet werden. Von Pinien und Kiefern umgeben, wirkt er recht naturbelassen. Eine Bebauung fehlt hier weitestgehend, sieht man von der Ruine des 1962 errichteten Hotels Xenia im zentralen Abschnitt ab. Lediglich eine winzige **Mole** befindet sich ganz im Süden – im Sommer starten hier diverse **Bootstouren**, u. a. auf die Halbinsel Sithonía und weiter zur Áthos-Küste, z. B. von **Léfteris Cruises** (s. S. 69). Im Nordteil des Golden Beach liegt ein beliebter, eher einfacher Campingplatz. Beachbars und Wassersportanbieter gibt es in den Sommermonaten ebenfalls in großer Anzahl. Die wenigen Unterkünfte der Gegend sind westlich der Nationalstraße gelegen und werden vorrangig privat geführt.

Nördlich des Strandes liegt eine weitere kleine Bucht namens **Alonáki,** die als natürliche **Anlegestelle** für Sportboote und Jetskis dient.

052mt-dk

◁ *Das Zentrum von Palioúri überrascht mit so mancher Skurrilität*

Rund 800 m südlich des Golden Beach lockt **Pórto Valítsa** mit dem gleichnamigen Resort. Anders, als der Name *pórto* vermuten lässt, darf man hier keinen Hafen erwarten, dafür jedoch eine bei **Schnorchlern und Tauchern** beliebte, eingeschnittene Klippenbucht.

Einige Kilometer weiter südlich erstreckt sich ein weiterer ca. 3 km langer Küstenabschnitt, der nur an wenigen Stellen von Felsen unterbrochen wird, sonst aber aus einem schmalen Sandstrand besteht. Er firmiert unter den Namen **Kánistro** bzw. **Navagós Beach.** Betrieb herrscht hier eigentlich nur ganz im Süden, wo das luxuriöse Miraggio Thermal Spa Resort mit eigener Marina liegt.

Infos und Reisetipps

- **125 Léfteris Cruises,** an der Mole von Chroússo Beach, Tel. 6947617596, http://lefteriscruises.gr, Bootstouren nach Sithonía und entlang der Küste der Halbinsel Áthos

Essen und Trinken

- **126 Cabana Beach Bar,** Chroússo Beach, Tel. 6955698151, https://cabanabeach.gr. In der Beachbar mit Livemusik und vielfältiger Küche, darunter Sushi, geht es ausgesprochen lebhaft zu.
- **127 Sea of Tastes** €€-€€€, Pórto Valítsa, Tel. 2374092007, http://seaoftastes.com. Dieses exklusive Feinschmeckerlokal mit mediterran inspirierter Nouvelle Cuisine ist über der Bucht von Pórto Valítsa gelegen. Ideal für einen romantischen Abend. Reservierung unbedingt empfohlen.
- **128 Tavérna Gianníkos** €-€€, Palioúri, Tel. 2374092214, http://taverna.giannikos.gr. Wunderschöne Dorftaverne mit lauschigem Außenbereich. Besonders beliebt wegen seiner Grillgerichte und dem Gemüse in zahlreichen Variationen.

053mt-sb

Die Lagune vom Glarókavo Beach *(s. S. 70)* *ist ein idyllisches Fleckchen*

38 Pefkochóri ★★ [F6]

Πευκοχώρι

Pefkochóri ist ohne Zweifel einer der am besten entwickelten Urlaubsorte der gesamten Chalkidikí und gilt als Hotspot des Nachtlebens – in der Hochsaison geht es hier ausgesprochen lebendig zu. Der Erfolg des Ortes wie auch der umliegenden Küste ist nicht unbegründet, immerhin liegen hier äußerst gepflegte Strände. Zudem ist es gelungen, die touristische Entwicklung behutsam zu gestalten und Bausünden weitestgehend zu vermeiden.

Der **Ortsname** geht auf das Wort *péfko* („Kiefer") zurück. Im etwa 2000 Einwohner zählenden Pefkochóri findet man alle Annehmlichkeiten, die einen klassischen Urlaub ausmachen, ob zum Schwimmen und Sonnenbaden oder für Ausflüge in die Umgebung. Es gibt eine Vielzahl an **Übernachtungsmöglichkeiten**, von Hotelkomplexen über Pensionen bis zu Apartmentanlagen und Studios – viele davon in bester Strandlage. Die **Uferpromenade** und die umliegenden Straßen weisen außerdem eine große Auswahl an **Restaurants,** Tavernen, Cafés, Konditoreien, Supermärkten, Boutiquen, Souvenirläden u.v.m. auf. Pefkochóri verfügt ferner über ein reichhaltiges **Nachtleben** mitsamt Diskotheken, Beachclubs und Bars. Entsprechend kann es im Zentrum und in Ufernähe bisweilen laut werden.

MEIN TIPP

Vom Meer umspült: Kap Kanastréo [F7]

Den **östlichen Zipfel Kassándras** bildet eine ausgedehnte Landzunge, die unter den Namen **Kap Kanastréo** oder seltener als **Kap Palioúri** bekannt ist. Ortschaften gibt es hier keine und neben einigen Privathäusern und ein paar hochpreisigen Unterkünften finden sich lediglich Felder, Olivenhaine sowie mit Macchia und Wald überzogene Hügellandschaften, die an felsigen Steilküsten enden.

Vom Luxusresort Miraggio Thermal Spa führt eine asphaltierte Straße bis zu einem kleinen **Fischerhafen,** der von einem lang gezogenen Felsvorsprung begrenzt wird, auf dem eine winzige, **Ágios Nikólaos geweihte Kirche** in idyllischer Umgebung thront.

Unbefestigte Pisten führen zu verschiedenen Zielen, die sich am besten zu Fuß im Rahmen einer **Wanderung** entdecken lassen. Lohnend sind einige unmarkierte Buchten, in denen man schwimmen kann, aber auch spektakuläre **Aussichtspunkte** über der Felsküste ganz im Osten.

Der als **Paralía Pefkochóri** bekannte, recht schmale **Hauptstrand** zeichnet sich durch eine Mischung aus Sand und Kies aus und ist von zahlreichen Strandbars, Anbietern für Wassersport und Bootsausflüge sowie zu Hotelanlagen gehörenden Liegebereichen gesäumt. Es geht flach ins Wasser – nur die allgegenwärtigen Betonstege stören ein wenig – und nach Osten hin wird es zusehends ruhiger, bis man an den wundervollen und sehr beliebten **Glarókavo Beach** gelangt, der zweifelsohne eines der Highlights Kassándras darstellt. Dieser breite Strandabschnitt, der ebenso seicht ins Wasser führt, erstreckt sich zunächst entlang der großen **Lagune,** an der Sport- und Fischerboote ankern, und dann südwärts bis zu einer Felsnase im Nordosten, die Glarókavo von der Bucht um Palioúri 37 trennt. Auch der Glarókavo Beach bietet eine tadellose Infrastruktur mit Fun und Action, darunter den für **Kinder** lohnenden **Crazyland Water Park** mit zahllosen Hüpfburgen im Wasser. Insgesamt stehen also in Pefkochóri gut 8 km bestens gepflegte Strände zur Verfügung – verständlich, dass es da punktuell voll werden kann. Glücklicherweise muss man aber selten weit gehen, um ein ruhiges Plätzchen zu finden.

Ganz unprätentiös präsentiert sich der alte **Dorfkern von Pefkochóri,** der südlich der Hauptstraße liegt und noch historische Gebäude aufweist. Die Tavernen sind typisch griechisch und es gibt auch einige Ferienquartiere. Beachtenswert sind die alte **Pfarrkirche Kímisi tis Theotókou** und die zentrale **Platía** (meist als **Old Square** ausgewiesen).

Ein beliebter Ausflugsort rund 3 km südlich von Pefkochóri ist das **Kloster Ósios Ioánnis Roússos,** in dem man die mit Fresken dekorierte Kapelle besichtigen kann. Von hier oben genießt man einen fantastischen Ausblick hinab auf die Küste.

› https://pefkohorivillage.com

★129 **Crazyland Water Park**, Glarókavo Beach, Tel. 6974990886, https://crazylandwaterpark.gr, Juni–Sept. tägl. 9–18 Uhr, Eintritt: ab 7 €

130 **Kloster Osíou Ioánnou tou Rósou ke Omologitoú,** Pefkochóri, Tel. 2374061656, Mo–Sa 5–13 und 17–21, So 5–8.15 und 17–21 Uhr, Eintritt frei

Infos und Reisetipps

131 **Bros Travel (Pefkochóri),** an der Hauptstraße, Tel. 2374063669, https://bros.travel, Informations- und Reisebüro, Ausflüge, Unterkünfte u. v. m.

•132 **North Coast Rentals,** Anleger am Glarókavo Beach, https://northcoastrentals.gr, Verleih von SUPs, Seekajaks und Motorbooten inkl. Zubehör

•133 **Pantelis Daily Cruises,** Anleger an der Mole von Pefkochóri Beach, www.panteliscruises.gr, Bootstouren zur Nachbarhalbinsel Sithonía

Essen und Trinken

134 **Elephant Beach Bar,** im Ostteil von Pefkochóri Beach, Tel. 6987065570, Facebook: elephantbeachbar. Chillige Strandbar im Südsee-Stil, in der hervorragende Cocktails gemixt werden.

135 **Klimatariá** €€, versetzt hinter der Uferpromenade, Tel. 2374061887. Urige Taverne in Strandnähe. Unter wildem Wein sitzt man hier sehr lauschig und kann sich vor allem Fischspeisen schmecken lassen.

136 **Mákis (Pefkochóri)** €-€€, am alten Dorfplatz im Ortskern, Tel. 2374063346. Typisch einheimische Taverne mitten auf dem Hauptplatz. Besonders die Souvláki-Spieße, aber auch die vegetarischen Vorspeisen sind hier der Hit.

39 Chanióti ★★ [E6]

Χανιώτη

Nordwestlich von Pefkochóri 38 setzt sich die Küstenlinie nahtlos fort. Auch Chanióti, Políchrono und das etwas abseits im Inland gelegene Kriopigí leben überwiegend vom Fremdenverkehr, wenngleich sich die drei Orte recht deutlich voneinander unterscheiden.

Etwa 14 km lang ist der Küstenabschnitt zwischen Pefkochóri und Kallithéa 40, der sich fast durchgängig als **Sand-** und nur stellenweise als **Kiesstrand** präsentiert. Praktisch überall geht es flach ins Meer und allerorts ist die **Wasserqualität** hervorragend. Da erstaunt es nicht, dass das Angebot an Hotelanlagen und touristischer Infrastruktur, aber auch an Unterhaltung groß ist.

Die ruhigste der drei Siedlungen ist das etwa 3 km von Pefkochóri entfernte **Chanióti** (auch Chaniótis), ein typischer Badeort. Hier finden **Familien mit Kindern** alles, was für einen angenehmen Urlaub nötig ist. Am ansprechenden Hauptplatz und entlang des Wassers haben sich die meisten Lokale des Ortes angesiedelt, hier kommen auch Nachtschwärmer auf ihre Kosten. Die Uferlinie ist größtenteils von Hotels und Apartmentanlagen gesäumt, für ein Stückchen Grün sorgt der **Küstenpark.**

Geschäftiger geht es im nordwestlich gelegenen Örtchen **Políchrono** [E6] zu. Zwar sind der Ortskern und die Uferpromenade hübsch anzusehen, aber leider ist der Sandstrand schmal und daher liegt man dort oft dicht gedrängt im Sand. Empfehlenswert ist Políchrono allerdings als Ausgangsbasis für Ausflüge an den nahen, sehenswerten **Mavróbara-See** (s. S. 73).

057mt-dk

Ganz anders präsentiert sich das noch einmal 5 km weiter entfernte **Kriopigí** [E6]. Die Ortschaft liegt jedoch nicht direkt an der Küste, sondern oberhalb an den Hängen des Hügels, umgeben von Pinien und Olivenhainen. Leider führt die viel befahrene Nationalstraße mitten durch den Ort, doch abseits davon genießt man noch ein wenig dörfliches Flair. In den historischen Steinhäusern sind kleine Hotels und Pensionen untergebracht und es gibt auffallend viele gute Lokale. Am Südrand des Ortes gelangt man zu einer **Wasserquelle samt Amphitheater,** in dem während der Sommermonate diverse Events stattfinden.

Die Entfernung zum beschaulichen, von Pinien eingefassten und selten vollen **Pigadákia Beach** beträgt lediglich rund 1 km. Wer nicht zu Fuß gehen möchte, kann mit dem pendelnden **Minizug** zum Strand und zurück fahren.

Ein Aufenthalt in Kriopigí lohnt auch für **Wanderfreunde,** denn das Umland ist ideal für erlebnisreiche Touren, z. B. bis Kassandrinó (s. S. 64) oder durch die nahen Kiefernwälder.

Infos und Reisetipps

ⓘ **137 Bros Travel (Chanióti),** im Ortszentrum, Tel. 2374052802, https://bros.travel, Informations- und Reisebüro, Ausflüge, Unterkünfte u. v. m.

Essen und Trinken

138 Bakális €€-€€€, im Zentrum von Chanióti, Tel. 2374062372, Facebook: BakalisOriginalHanioti. Hochwertige Fischgerichte und gute Weinauswahl.

139 I Platía tis Anthoúlas €-€€, im Zentrum von Kriopigí, Tel. 2374053001, Facebook: anthoulasrestaurant. Urige Dorftaverne mit *Mezédes* und Hauptgerichten in höchster Qualität.

140 The Garden €€, im Zentrum von Chanióti, Tel. 2374052270. Idyllisches Lokal mit lauschigem Innenhof und guten Grillgerichten.

141 Trizoni €€-€€€, im Zentrum von Kriopigí, Tel. 2374051945, https://trizoniexclusive.com/en/trizoni-sea-treasures-chalkidiki. Seit 1983 besteht dieses Fischrestaurant, das als eines der Besten weit und breit gilt.

Eine spirituelle Atmosphäre herrscht in der kleinen Kirche von Chanióti 39

Einkaufen

142 **Gaia Kallisti (2)**, im Zentrum von Kriopigí, Tel. 6980880441, https://gaiakallisti.gr. Oliven, Olivenöl, Honig, Kosmetikartikel, Seifen u. v. m. gibt es hier, garantiert aus biologischem Anbau.

40 Kallithéa ★★ [E6]

Καλλιθέα

Kallithéa bedeutet übersetzt „gute Aussicht" – und tatsächlich ist der Ausblick auf das Ufer mit dem feinsandigen Strand und dem glitzernden Meer imponierend. Auf den ersten Blick mag sich der viel besuchte Badeort zwar nicht sonderlich von anderen an dieser Küstenlinie unterscheiden, doch ist Kallithéa außer für Badevergnügen besonders für sein Nightlife- und Shoppingangebot berühmt. Außerdem lassen sich hier die Überreste einer Tempelanlage besichtigen, die dem Gott Zeus-Ammon gewidmet war.

Wie Políchrono [E6], Chanióti 39 und Pefkochóri 38 liegt Kallithéa direkt an der Küste und mit etwa tausend ständigen Einwohnern ist es in puncto Größe ebenfalls vergleichbar. Umgeben von Feldern und teilweise von Pinienwäldern wirkt der Ort recht kompakt, doch die **Infrastruktur** ist hier dichter als in den vorgenannten Feriensiedlungen: Es gibt jede Menge Reisebüros, Autovermietungen und Boutiquen, v. a. für Ledermode. Die Übernachtungsmöglichkeiten sind vielfältig und reichen von Luxushotels über Apartments und Selbstversorgerhäuser bis hin zu preisgünstigen Pensionen. Das **Zentrum** liegt erhöht über der Küste und so genießt man von vielen Imbisslokalen, Tavernen, Bars und Cafés einen eindrucksvollen Blick über das Meer. Dies gilt auch für die **Aussichtsterrasse** gleich neben der kleinen **Kapelle Ágios Nikólaos,** die zu einer Verschnaufpause einlädt.

Besonders das jüngere Publikum und all jene, die gerne feiern, schätzen das vielseitige und lebhafte **Nachtleben,** denn hier und im nahen Umland – speziell südlich des Ortes an der Nationalstraße – haben sich

Mein Tipp

Auf du und du mit den Schildkröten: der Mavróbara-See

Auf etwa 300 m Höhe im Hinterland und rund 3 km von Políchrono [E6] entfernt liegt der Mavróbara-See. Das Gewässer ist über einen (mäßig) **ausgeschilderten Pfad** z. B. per Mountainbike oder im Rahmen einer Wanderung erreichbar – Hin- und Rückweg dauern zu Fuß ca. 2 Std.

Im Jahr 2006 wütete in dieser Gegend ein verheerender, offenbar absichtlich gelegter Waldbrand, der ca. 4000 ha zerstörte, darunter mehrere hundert Jahre alte Pinienwälder und Olivenhaine. Immer noch sind Spuren davon erkennbar, obgleich partiell wieder aufgeforstet wird.

Der über 2000 m² messende See beherbergt zwei seltene und gefährdete Arten von **Wasserschildkröten:** *Emys orbicularis* und *Mauremys caspica.* Die Tiere sind äußerst zutraulich und schwimmen recht selbstbewusst auf Menschen zu, was nicht zuletzt daran liegt, dass viele Besucher sie füttern.

Ruhesuchende werden ihre Freude haben, diesen entlegenen Landstrich kennenzulernen und die Stille der Natur zu genießen. Wenn man schon mal hier ist, sollte man auch die beiden **Kapellen Ágios Ioánnis und Ágia Triáda** in Augenschein nehmen. Bei klaren Sichtverhältnissen erkennt man den Olymp im Westen und den Berg Áthos im Osten.

★143 **Mavróbara Turtle Lake (Límni Mavróbara),** frei zugänglich

die wohl beliebtesten **Clubs** der Chalkidikí angesiedelt.

Der **Hauptstrand** von Kallithéa misst ca. 1,5 km und ist streckenweise recht schmal. Etwas geruhsamer geht es weiter südlich am Abschnitt unterhalb des Hotels Athos Palace sowie nochmals südlicher am **Lefkí Peristerá Beach** zu, der vor allem bei **Familien mit Kindern** hoch im Kurs steht. Allerdings werden diese Abschnitte fast ausschließlich von den Gästen der hiesigen Hotelanlagen genutzt.

Außergewöhnlich sind im Ort die Ausgrabungen eines **Tempels des Zeus-Ammon** gleich am Meeresufer, die von einer Parkanlage geschützt sind. Zeus, der Hauptgott der griechischen Mythologie, und der ägyptische Wind-, Sonnen- und Fruchtbarkeitsgott Ammon (auch Amun) wurden hier als zwei Ausprägungen derselben Gottheit verehrt. Sehr viel ist nicht mehr erkennbar, aber zumindest die **Fundamente** des Tempels, eine **Höhle** – im späten 8. Jh. v. Chr. Schauplatz des Kultes des Dionysos und der Nymphen – und die Überreste einer römischen **Therme** sind sichtbar (Besuchszeit ca. 45 Min.).

Südlich von Kallithéa, ebenfalls unweit des Strandes liegen außerdem die Überreste einer **frühchristlichen Basilika** (**Paleochristianikí Ekklisía Solína**) aus dem 6. Jh., deren Besuch auch dank ihres wundervollen Mosaiks lohnt.

Wer das Umland erkunden möchte, kann dies auch auf dem Rücken eines **Pferdes** tun (Ranch Manippos, s. S. 108).

★**144 Sanctuary of Zeus-Ammon (Ieró Ámmonos Diós)**, direkt am Ufer, Tel. 2310285163, Mai–Okt. tägl. 8.30–15.30 Uhr, Eintritt: 4 €, erm. 2 €

145 Frühchristliche Basilika Solína, frei zugänglich

Infos und Reisetipps

146 OK Tours, im Ortszentrum, Tel. 2374020450, https://oktours.gr, Informations- und Reisebüro mit Touren, Unterkünften u. v. m.

Essen und Trinken

147 Días €€-€€€, südlich des Ortes, Tel. 6976831148, Facebook: Dias-Tavern-Restaurant. Tolle Taverne oberhalb der Küste mit bezaubernder Terrasse.

148 Tavérna Eléna €€, im Ortszentrum, Tel. 2374024047, Facebook: tavernelena. Klassische Taverne mit *Mezédes* und typisch griechischen Hauptgerichten.

Zweifellos eines der Highlights der Chalkidikí: das reizende Örtchen Áfitos

095mt©olympicflame, stock.adobe.com

Nachtleben

149 Ahoy, an der Nationalstraße, Tel. 6974888915, Facebook: AhoyNight Club. Populärer Club mit großer Tanzfläche und verschiedenen Musikstilen – über 3500 Gäste haben Platz.

150 Eden Of Shaka, an der Nationalstraße, Tel. 2374023567, Facebook: edenofsaka. Bar, Restaurant und Club in einem. Chilliger Außenbereich und gute Musik von namhaften DJs.

41 Áfitos ★★★ [E6]

Άφυτος

Sollte man den malerischsten Ort auf der Halbinsel Kassándra benennen, fällt die Wahl mit ziemlicher Sicherheit auf Áfitos. Das in 75 m Höhe oberhalb des Meeres thronende Dorf vereint wie kaum ein anderes schmucke historische Bauten, idyllische Plätze und beschauliche Gassen mit einem einzigartigen Panoramablick über den Toroneischen Golf bis nach Sithonía von hoch über der Küste gebauten Aussichtsplattformen.

Nach Áfitos – auch **Áthitos** genannt – reist man nicht nur zum Baden, sondern zum Staunen. Zwar gibt es unterhalb der Steilküste auch einige Strandabschnitte, doch stellen diese nur einen Teil der lokalen Sehenswürdigkeiten dar. Die Hauptattraktion des 1300 Einwohner zählenden Áfitos ist der intakte Dorfkern, der mit seinen **Natursteinbauten** aus dem ausgehenden 19. und frühen 20. Jh. das Flair vergangener Zeiten ausstrahlt. Man kommt, um durch den Ortskern mit seinen gepflasterten Gassen zu flanieren, in den **Tavernen** und Bars einzukehren und in den kleinen **Geschäften** nach Souvenirs zu stöbern. Kunstinteressierte finden eine Vielzahl an Skulpturen und Reliefs, von denen einige vom ehemaligen Bürgermeister Vassílis Pavlís stammen. Von etlichen **Aussichtspunkten** kann man den Blick in die Ferne schweifen lassen. Wer sich nach etwas Spiritualität sehnt, sollte die 1858 gebaute, **Ágios Dimítrios** geweihte **Kirche** besuchen. Am **Hauptplatz** stehen eine **Kapelle** und das **Volkskundemuseum** (Folklore Museum), in dem landwirtschaftliche Geräte, Werkzeuge, Töpferwaren, Trachten u. v. m. ausgestellt sind.

Dort, wo Áfitos heute liegt, ließen sich ab dem 8. Jh. v. Chr. **Siedler aus Euböa** nieder. Nachdem Philipp II. von Makedonien den Ort 348 v. Chr. dem Erdboden gleichgemacht hatte, erstarkte er erst wieder unter römischer Herrschaft. Erneut zerstört wurde er 1821 während des griechischen Freiheitskampfes. Über eine steile Straße geht es hinab zum winzigen **Hafen** und dem nahen weißen **Sandstrand.** Er ist rund 1 km lang und zieht sich um das hiesige **Kap**, um im Süden nahtlos in den ca. 1 km messenden **Moudounoú Beach** überzugehen.

151 Folklore Museum Áfitos, am Hauptplatz, Tel. 2374091239, tägl. 19–23, Di u. So 11–13 u. 19–23 Uhr, Eintritt: 2 €

Infos und Reisetipps

152 La Calcidica Travel Agency, im Ortszentrum, Tel. 2374091558, www.lacalcidica.com. Reisebüro für Touren, Unterkünfte, Mietautos u. v. m.

Essen und Trinken

153 Sóboro €€, im Ortszentrum, Tel. 2374091656, www.soboro.gr. Gerichte für den kleinen und großen Hunger sowie die beste Bierauswahl im Ort.

154 Théa Thalássa €€-€€€, im Ortskern, oberhalb der Küste, Tel. 2374091044, www.theathalassa-afitos.gr. Edles Fischrestaurant mit wunderschöner Terrasse oberhalb des Meeres.

Nachtleben

155 Bogiáta €€, am Hauptplatz gegenüber der Kirche, Tel. 6937743606, Facebook: mpogiata. Traditionelle Ouzerie und Taverne, die man v. a. wegen der hier auftretenden Livemusiker besucht.

156 Fortuna, im Ortszentrum, oberhalb der Küste, Tel. 2374091158, Facebook: FortunaAllDayBar. In dieser Weinbar kann man den Abend ausklingen lassen. Auch Kaffee, Cocktails und andere Drinks beugen trockenen Kehlen vor.

Einkaufen

157 Dialékti, im Ortszentrum, Tel. 6948363442, Facebook: dialekti. In dieser Galerie findet man lokal gefertigte Malereien und Schmuck.

42 Néa Fókea ★★ [D5]

Νέα Φώκαια

Der nördlichste Ort an der Ostküste der Kassándra ist das 1900 Einwohner zählende Néa Fókea, dessen Fischerei- und Segelhafen nach wie vor aktiv genutzt wird. Ursprünglich schenkten die Byzantiner den Ort im 15. Jh. dem Áthos-Kloster Ágios Pávlos, doch 1922 siedelten auch hier Flüchtlinge aus Kleinasien.

Néa Fókea ist es erfolgreich gelungen, seine entspannte Atmosphäre zu bewahren, obwohl der **Badeort** mit seinem attraktiven **Sandstrand** bei Besuchern aus dem In- und Ausland gefragt ist. Am südlichen Teil des ca. 700 m langen Hausstrands haben sich einige einladende **Tavernen** angesiedelt. Im Kern des im **Schachbrettmuster** angelegten Dorfes finden sich weitere Lokale sowie zahllose Unterkünfte praktisch aller Kategorien.

Daneben beherbergt Néa Fókea auch zwei wichtige historische Denkmäler: Zum einen handelt es sich um den 17 m hohen, rechteckigen, aus behauenen Steinen errichteten **Turm des hl. Paulus (Pírgos Ágios Pávlos).** Er stammt aus der byzantinischen Epoche, steht auf einem Hügel oberhalb des Hafens und ist leider nicht begehbar. Dafür kann man der kleinen, sehenswerten, den zwölf Aposteln geweihten **Kirche** gleich daneben einen Besuch abstatten.

Zum anderen lockt gegenüber der Hafenmole, auf der anderen Seite der Uferstraße, die **Kapelle des hl. Paulus,** die ein **makedonisches Grab** aus dem 4. Jh. v. Chr. und eine angeblich **heilige Wasserquelle** (Agíasma) birgt.

Der Turm des hl. Paulus bewacht den Fischerhafen von Néa Fókea

Letztere erreicht man über eine Treppe, die in die unterirdische, enge Katakombe der Kapelle führt – eine Taschenlampe wird empfohlen. Angeblich verbrachte der Apostel Paulus hier einige Zeit auf der Flucht.

Auf der 5 km langen Strecke zwischen Áfitos 41 und Néa Fókea erstrecken sich einige **Badebuchten** und der **Vóthonas Beach** [D–E5], der in der Nähe des Ferienlagers Skoúras liegt. Nach Norden hin sind es rund 9 km bis Néa Potídea 29. An diesem Küstenabschnitt finden sich mehrere **Sand- und Kieselstrände**, die häufig menschenleer sind.

★**158 Heilige Quelle von Apostólos Pávlos,** am Hafen, gegenüber der Mole, frei zugänglich

Infos und Reisetipps

•**159 Discoverib Private Cruises,** im Hafen bei der zentralen Mole, Facebook: disco verib, Tagesausflüge per Motorboot ab Néa Fókea

Essen und Trinken

160 Ta Kymata (Néa Fókea) €€, am Hafen, Tel. 2374081287, Facebook: N.Fokea. Fischtaverne gegenüber der Hafenmole. Frischer gehts kaum.

161 Tavérna Sergiáni €-€€, am Hafen, direkt am Strand, Tel. 2374081677. Einfaches Lokal, das Salate, Grill- und Tagesgerichte serviert.

Halbinsel Sithonía

Χερσόνησος της Σιθωνίας

Die Halbinsel Sithonía bildet den mittleren „Finger" der Chalkidikí und ist aufgrund ihrer traumhaften Strände am glasklaren Meer, unzähliger Wandermöglichkeiten und ansprechender Ortschaften längst keine Unbekannte mehr bei Urlaubern. Zugleich präsentiert sich Sithonía ruhiger, naturbelassener und schroffer als die liebliche, aber eben auch etwas trubelige Kassándra.

Der augenscheinlichste Unterschied ist zunächst die Topografie, denn die Halbinsel Sithonía ist ausgesprochen bergig. Der zentrale **Gebirgskamm Ítamos** [G5–6] hat eine maximale Höhe von 817 m. Asphaltierte Fahrwege führen nicht über ihn, weshalb man die Halbinsel stets auf der an den Küsten verlaufenden **Nationalstraße** umrundet.

Wer **wandern** möchte, kann sich von der einen auf die andere Küstenseite aufmachen und dabei zahlreiche Gipfel besteigen – ein herrlicher **Fernblick** über das Ägäische Meer inklusive.

Ein Paradies für Schnorchler: der felsige Tiganía Beach [H6] im Westen der Sithonía

058mt-dk

Die meisten Besucher Sithonías kommen natürlich wegen den hiesigen **Badestränden.** Aufgrund ihrer hervorragenden touristischen Infrastruktur ist v.a. die **Südwestküste** zwischen Metamórfosi 43 und Toróni 48 beliebt – hier liegen die beiden sehenswerten Städtchen Nikíti 44 und Néos Marmarás 45. Dem gegenüber geht es an der **Nordostküste** zwischen Sárti 52 und dem dank seiner vorgelagerten Inseln sehenswerten Vourvouroú 53 beschaulicher zu. Die gesamte **Ostküste** um Kalamítsi 50 und Skála Sikiás 51 bietet weitestgehend menschenleere Buchten und ist speziell für **Taucher und Schnorchler** ein Anziehungspunkt, während die Landzunge um Pórto Koufó 49 der perfekte Ort für einsame Spaziergänge ist.

Wer des Strandlebens überdrüssig wird, der sollte sich ins **Inland** aufmachen und kann in Örtchen wie Sikiá (s. S. 91) oder Ágios Nikólaos 55 in das von Landwirtschaft geprägte **Alltagsleben** der Einheimischen eintauchen. Im einst verlassenen **Parthenónas** 46 fühlt man sich sogar ins ausgehende 19. Jh. versetzt.

› https://de.sithoniagreece.com

43 Metamórfosi ★ [F4]

Μεταμόρφωση

Eingebettet in schattige Pinienwäldchen liegt im äußersten Nordwesten Metamórfosi, das gewissermaßen als Tor zur Halbinsel Sithonía fungiert. Mit seinen idyllischen kleinen Buchten ist der Ort eine gute Adresse für all jene, die Wert auf Ruhe und Erholung legen.

Der Name Metamórfosi – Griechisch für „Verwandlung" – bezieht sich übrigens nicht darauf, dass hier urlaubende Gäste bereits nach wenigen Tagen wesentlich erholter aussehen. Vielmehr ist es die Übersetzung für die sogenannte **Verklärung des Herrn**, also das Offenbarungsereignis der Apostel Petrus, Jakobus und Johannes, die angeblich, von Jesus Christus geleitet, die Propheten Mose und Elija erblickten. Die **Dorfkirche** mit dem großzügig gestalteten Vorplatz ist nach diesem Ereignis benannt.

Kaum 550 Menschen leben in dem kleinen, am Hang gebauten Küstenort, der besonders durch seine vielen **Pinienbäume** geprägt ist. Diese erstrecken sich oftmals fast bis ans Wasser, weshalb Schatten hier keine Mangelware ist. Apropos Wasser: Über eine Strecke von rund 6 km zeichnet sich die Küste um Metamórfosi durch eine Mischung aus **Kies-Sand-Stränden** aus, hin und wieder mit Felsen durchsetzt, die im Westen bis zur Uferspitze unweit des Blue Dolphin Hotels und im Osten bis kurz vor Nikíti 44 reichen.

Der kleine **Metamórfosi Beach** befindet sich direkt unterhalb des zentralen Dorfparks und ist über **Treppen** erreichbar. Östlich schließt sich ein weiterer ausgedehnter Strandbereich an, andernorts gibt es kleinere Strandabschnitte und von Felsen eingefasste Buchten, darunter ganz im Osten die **Red Rocks** („Rote Felsen"), die man im Rahmen einer entspannten Wanderung erreicht.

Mehrere große Hotelresorts in der Umgebung sowie Pensionen und Apartmentanlagen im Ort selbst, aber auch einige **Tavernen,** Imbisslokale und Cafés gestalten einen Aufenthalt angenehm, wenngleich es recht beschaulich zugeht. In den Sommermonaten kann es streckenweise lebendiger werden, da Metamórfosi auch als Standort zweier **Ferienlager** bekannt ist.

059mt-dk

Etwa 2,5 km nördlich des Ortes lockt das Johannes dem Täufer geweihte **Frauenkloster Ierá Moní Agíou Ioánnou Prodrómou** inmitten von Olivenhainen. Die Schwestern freuen sich über Besucher, das begrünte Klosterareal mit der Kirche lässt sich besichtigen.

162 Frauenkloster Ierá Moní Agíou Ioánnou Prodrómou, ca. 3 km nördlich von Metamórfosi, Tel. 2375061592, https://imkassandreias.gr/index.php/ieresmones, Mo, Di, Do 7–12 u. 15–19, Sa 7–12 u. 15–17, So 15–19 Uhr, Eintritt frei

Essen und Trinken

163 Vasílis €-€€, an der Nordseite des Parks, Tel. 2375061226, Facebook: tavernavasilis1985. Einfache Taverne, in der man äußerst lecker speist, mit schönem Blick auf den Park.

Einkaufen

164 Gaia Kallisti (3), am Nordrand des Dorfes, Tel. 6930931101, https://gaiakallisti.gr. Wunderbarer Delikatessenladen mit Oliven, Olivenöl und Honig aus eigenem Anbau, Kosmetikartikeln, Seifen u. v. m.

Nikíti verbindet Badefreuden und eine gute Infrastruktur

44 Nikíti ★★★ [F5]

Νικήτη

Im Verwaltungssitz der Halbinsel Sithonía treffen zwei Welten aufeinander: Da ist zunächst der alte Dorfkern im Landesinneren, nördlich der Nationalstraße, mit seinen traditionellen Steinhäusern, engen Gassen und dem malerischen Kirchplatz. Doch weiter unten an der Küste gleicht Nikíti einem beliebten Badeort mit langem Sandstrand und bietet alles, was sich Urlauber wünschen.

Der Kontrast zwischen dem modernen, von Hotels, Apartmentanlagen und anderer touristischer Infrastruktur gekennzeichneten **Küstenort** und dem etwa 2 km weiter nordöstlich auf einem Hügel thronenden **alten Dorfkern** könnte nicht größer sein. Hier hat man wahrlich beide Welten dicht beieinander.

Keinesfalls sollte man es verpassen, im oben gelegenen Dorf in einer Bar oder einem Café einzukehren und die teilweise über 150 Jahre alten, meist schmuck renovierten Häuser zu bestaunen. Man achte dabei auch auf die charakteristischen **Schornsteine**, die von der Kunstfertigkeit der örtlichen Handwerker zeugen. Ein Besuch der kleinen **Dorfkirche Ágios Nikítas** ganz im Norden –

sie stammt aus dem Jahr 1867 und besitzt erstaunliche Wandmalereien – und dem gegenüberliegenden Friedhof mit seiner Kapelle lohnt sich ebenfalls. Wer sich für die Geschichte der Region interessiert, sollte im **Geschichts- und Volkskundemuseum** gleich unterhalb des Gotteshauses vorbeischauen.

Das Umland ist stark landwirtschaftlich geprägt, hier gedeihen v.a. Olivenbäume. Doch das bekannteste Erzeugnis Nikítis ist zweifelsohne der **Honig** (s.S. 117): Mit etwa 135 Mitgliedern und ca. 60.000 Bienenstöcken produziert die örtliche **Imkergenossenschaft** pro Jahr stattliche 900 Tonnen verschiedener Honigsorten, was etwa 10% der griechischen Jahresproduktion entspricht.

Im Süden des knapp 3000 Einwohner zählenden Städtchens lebt man freilich v.a. vom Tourismus. Der schmale, etwa 3,5 km lange **Sandstrand** ist teilweise mit Felsen durchsetzt und bietet im zentralen Bereich eine umfangreiche Infrastruktur: Neben Wassersportanbietern und Strandlokalen gibt es eine Marina, in der Jachten, Fischerboote und Ausflugsschiffe ankern.

Die auch als **Paralía Nikítis** (*paralía* = Strand) bezeichnete Neustadt ist ausgesprochen gut besucht, sie wirkt freundlich und einladend. Gigantische Hotelkomplexe fehlen glücklicherweise und das Angebot an **Tavernen**, Imbisslokalen, Nightlife-Locations und Einkaufsmöglichkeiten ist verhältnismäßig individuell.

In der Umgebung Nikítis gibt es einige bekannte **Ausgrabungsstätten**, darunter die frühchristliche **Sofrónios-Basilika**, deren Relikte samt kunstvoller Bodenmosaike – unter einem Wellblechdach vor der Witterung geschützt – etwa 200 m östlich des Strandes liegen. Etwa 50 m entfernt befinden sich außerdem die Mauerreste der **Kirche Ágios Geórgios** und gut 2 km weiter südlich die Spuren des **antiken Galepsus.**

165 Historical and Folklore Museum Nikíti, im alten Ortskern, Tel. 2375023615, Di, Mi 10–13 und 18–21, Do–So 10–12 und 20–22 Uhr, Eintritt: 2 €

166 Ruine der Sofrónios-Basilika, Mi–Mo 8.30–15.30 Uhr, Eintritt frei

Infos und Reisetipps

•167 Nikiti Daily Cruises Sotiris, im Hafen, https://nikiti-daily-cruises-sotiris.business.site, Tagestouren ab Nikíti zu umliegenden Buchten und auf die Insel Kélifos [F6] mit einem ehemaligen Fischkutter

Essen und Trinken

168 Barcarolla, Paléos Ikismós, Tel. 6932573331, Facebook: barcarollabar. Bezaubernde Weinbar im alten Dorfkern, in der es auch Kaffeevariationen und Cocktails gibt.

169 Marina (Nikíti) €€, Egialoú, Tel. 2375022123, www.marina-nikiti.com. Wie der Name vermuten lässt, ist dieses Restaurant am Hafen gelegen. Griechisch-mediterrane Küche mit eigenen Kreationen.

Die Strandabschnitte südlich von Nikíti

Ab Nikíti 44 verläuft die Nationalstraße in Küstennähe bis ins 19 km entfernte Néos Marmarás 45. Felsabschnitte, kleine Buchten und gepflegte, aber nicht übermäßig fre-

Im Umland von Nikíti 44 gibt es unzählige malerische Küstenabschnitte

quentierte Sandstrände wechseln sich in dieser landschaftlich bezaubernden Gegend ab. Größere Ortschaften gibt es nicht, dafür aber eine Reihe von Hotel- und Apartmentsiedlungen, die sich vorrangig auf Familien mit Kindern spezialisiert haben.

Gleich unterhalb der Landzunge, die sich am südlichen Ende des Strandes von Nikíti anschließt, locken zunächst der kleine, aber beliebte **Kastrí Beach** und jenseits des Hügels der gut 600 m lange **Ágios Ioánnis Beach** [F5], der, abgesehen von einem Resorthotel ganz im Osten, weitestgehend unverbaut ist.

Kaum 2 km entfernt erstreckt sich der **Kovioú Beach**, ein von Felsen eingefasster und dank Bäumen recht schattiger Sandstrand, in dessen Umgebung sich eine Handvoll ansprechender Hotels und privater Quartiere angesiedelt haben. Reizvolle Spaziergänge führen von hier in die landschaftlich sehenswerte Umgebung oder zum nur wenige Hundert Meter entfernten **Kalogría Beach**. Der Strand zieht sich über 650 m bis zu einer Felsnase, über die eine Schotterpiste oberhalb des schroffen Ufers zum **Spathiés Beach** führt. Auf dem Weg zu diesem gerade einmal 170 m langen Strand reihen sich einige kleinere Felsbuchten aneinander, die aufgrund des großen Fischreichtums besonders von **Schnorchlern** geschätzt werden.

Weitere 2 km weiter südlich gelangt man zum **Eliá Beach**, der dank seines großen Unterkunftsangebots als weitläufiger Hauptort des gesamten Küstenstrichs gilt. Der 2,5 km lange, von Felsen und einem Kiefernwald flankierte Strand ist schmal, besteht aus einer Mischung aus Sand und Kies und ist im südlichen Abschnitt relativ belebt. Abgesehen davon gibt es hier nur eine Handvoll Strandbars und die äußerst schön gelegene Edeltaverne **Boukadoúra** (s. S. 82).

Ab Eliá führen Fußwege auf die umliegenden, üppig bewachsenen Hügel im Landesinneren, von denen man oftmals einen tollen Fernblick genießt, z. B. rund um die **Kapelle Ágios Pávlos.** Erstaunlich ruhig ist der nächste Strandabschnitt namens **Lagómandra Beach**, der sich mit Unterbrechungen über etwa 1,5 km erstreckt und dabei v. a. Sand und ausreichend Schatten bietet.

Kurz vor Néos Marmarás sollte man unbedingt noch dem breiten **Tripótamos Beach** einen Besuch abstatten, der überwiegend von den Gästen eines Campingplatzes genutzt wird. Interessant sind ferner die eingezäunten Überreste des **Tripótamos-Klosters** unweit der Nationalstraße.

006mt-sb

Essen und Trinken

170 **Boukadoúra** €€€, Eliá Beach, Tel. 6944547239, Facebook: MpoukadouraAkteElias. Exklusive Taverne auf dem Felsvorsprung, der den Eliá Beach zweiteilt. Auch ausgefallene Spezialitäten der lokalen Küche gibt es hier in faszinierendem Dekor. In dem Lokal speisen auffallend viele Einheimische.

171 **Der Pirat** €-€€, Lagómandra Beach, Tel. 6977274738, Facebook: Taverna-Der-Pirat. Ganz im Norden von Lagómandra Beach befindet sich diese erhöht gelegene Taverne mit einmaliger Aussicht über die Küste. Die Küche bietet griechische Spezialitäten mit Fisch und Fleisch vom Grill.

172 **Isla Beach Bar**, Kalogría Beach, Tel. 6972717951, Facebook: BeachBarIsla. Angesagte Bar am nördlichen Ende des Kalogría Beachs, in der man auch kleine Speisen bekommt.

45 Néos Marmarás ★★★ [G6]

Νέος Μαρμαράς

Außergewöhnliche Griechisch-Kenntnisse bedarf es nicht, um zu erahnen, dass Néos Marmarás so viel wie „Neues Marmara(meer)" bedeutet. Der Ortsname geht darauf zurück, dass die Mehrheit der Einwohner einst als Geflüchtete aus der gleichnamigen Region im Nordwesten der Türkei gekommen sind. Das kleine, ausgesprochen pittoreske Städtchen lebt zwar vorwiegend von den Urlaubern, aber es hat durchaus Flair und punktet mit einladenden Strandabschnitten.

Bei gerade einmal 3500 Einwohnern von einer Stadt zu sprechen, mag übertrieben klingen, aber im Vergleich zu praktisch allen anderen Orten Sithonías, abgesehen von Nikíti 44, strahlt Néos Marmarás tatsächlich etwas mehr Urbanität aus, was zweifelsohne v.a. an seinem viel frequentierten **Hafen** liegt.

Auf einer hügeligen Halbinsel direkt an der Küste gelegen, geht die **Siedlungsgründung** auf das Jahr 1924 zurück, als infolge des Bevölkerungsaustauschs (s.S. 121) Flüchtlinge von der Insel Marmarás und den umliegenden Regionen in Kleinasien hierherkamen.

Der ansprechende Ort lässt sich durchaus als touristisch bezeichnen, denn neben den hier ansässigen Urlaubsgästen reisen in den Sommermonaten viele **Tagesausflügler** aus anderen Orten per Bus oder Ausflugsboot hierher. Gleichwohl ist noch ein Stück Authentizität spürbar, weshalb sich ein Besuch abseits der Hauptsaison ebenso lohnt.

Am lebendigsten geht es im besagten Hafen zu, um den sich eine reizvolle **Uferpromenade** namens **Karrá** schlängelt. Sowohl die eierschalenfarbene **Hauptkirche** als auch **Cafés** und Imbisslokale sind hier ansässig und von der **Mole** stechen Segelschiffe im Retrolook in See – zu den vorgelagerten Inseln, nach Ouranoúpoli 17 oder entlang der Südküste der Halbinsel Áthos. Außerdem gibt es eine häufig verkehrende **Fähre nach Pórto Karrás** 47.

Nördlich der Hafenbucht führen kleine Straßen bergan zu den Wohngebieten auf dem Hügel. Jenseits davon erstreckt sich der 900 m lange **Parádisos Beach**, ein schmaler, äußerst einladender Sandstrand, in dessen Nähe auch mehrere Apartmentanlagen und privat geführte Hotels, Wassersportanbieter sowie Strandbars und Tavernen angesiedelt sind. Südlich des Ortes verläuft außerdem der feinsandige **Néos Marmarás Beach** über rund 1 km Länge, um danach fast nahtlos in den **Porto Carras**

060mt-dk

Beach überzugehen – die Mündung des von Osten kommenden Wasserlaufs bildet die Grenze.

Infos und Reisetipps

- 173 **Meli Tours,** an der Uferstraße, gegenüber der Kirche, Tel. 6936144507, www.meli-tours.com, Informations- und Reisebüro mit zahlreichen Touren im Angebot, Unterkunft- und Autovermietung usw.
- › **Dimítris Cruises,** Tel. 6995331115, empfehlenswerter Anbieter für Bootstouren, dessen Boot direkt im Hafen vor Anker liegt

Essen und Trinken, Nachtleben

- 174 **Molos Seaside Cocktail Bar,** an der Uferstraße, Tel. 2375071331, Facebook: MolosGR. Angesagte Bar direkt am Hafen mit großer Getränkeauswahl.
- 175 **Okyalos** €€-€€€, an der Uferstraße, Tel. 2375072244, www.okyalos.gr. Griechisch inspirierte, hochwertige Meeresküche mit wunderbarem Blick auf den Hafen.
- 176 **Ta Kymata (Néos Marmarás)** €€, an der Uferstraße, Tel. 2375071371, https://ta-kymata.business.site. Einfache Fischtaverne am kleinen Hafenstrand mit Blick auf die Boote.

Einkaufen

- 177 **Romeo Juliet,** 25is Martíou, Tel. 2375071720, www.romeojuliet.eu. Hippe Boutique mit angesagter Mode für Sie und Ihn.

46 Parthenónas ★★★ [G5]

Ob im Rahmen einer ausgiebigen Wanderung oder mit dem Fahrzeug: Ein Besuch des Bergdorfes Parthenónas stellt eine interessante Alternative zu Strand und Sonnenbad dar, denn hier erlebt man noch einen Hauch Ursprünglichkeit.

Das einstige **Bauerndorf** liegt im **Landesinneren** der Sithonía auf einer Höhe von 320 m, rund 6 km nordöstlich der Uferpromenade von Néos Marmarás 45. Zu Fuß ist man etwa 90 Min. unterwegs.

Als ab den 1920er-Jahren Geflüchtete aus Kleinasien unten an der Küste siedelten und damit ein wirtschaftlicher Aufschwung einherging, entschieden sich etliche bislang ausschließlich in der Landwirt-

Im Hafen von Néos Marmarás liegen schmucke Segelschiffe vor Anker

schaft arbeitende Einwohner, aus Parthenónas wegzuziehen, um an der Küste besser bezahlte Jobs zu finden. Gut 50 Jahre später wohnte niemand mehr im Ort und sicherlich wäre das **Geisterdorf** heute komplett verfallen, hätten Unternehmer nicht sein touristisches Potenzial erkannt und angefangen, die alten Bauernhäuser aufwendig zu renovieren. So kam es, dass sich ab 1976 immer mehr Urlauber hier einfanden. Die Mehrzahl der wunderschön **restaurierten historischen Steinhäuser** steht mittlerweile unter **Denkmalschutz.**

Auch ein paar **Tavernen** gibt es und im **Volkskundemuseum** erfährt man, wie es sich früher in dem Ort lebte. Überlaufen ist es selten und dementsprechend lohnt sich eine Erkundung unbedingt.

Info für Autofahrer: Parthenónas ist per Pkw nur von Néos Marmarás aus mühelos erreichbar. Für die Befahrung der Pisten, die nach Norden führen, benötigt man hingegen Vierradantrieb.

178 Folklore Museum Parthenónas, Mai–Sept. Mi–So 9–14 Uhr, Eintritt: 2 €

Essen und Trinken

179 Paul's Tavern €€, im Süden des Ortes, Tel. 6946052979, Facebook: tavernaparthenonas. Große Taverne mit schönem Außenbereich, von dem aus man eine tolle Panoramasicht genießt. Neben griechischen Klassikern gibt es auch internationale Speisen wie Pizza oder Hamburger.

180 To Stéki tou Méniou €-€€, gegenüber vom Hauptplatz, Tel. 6980461452, Facebook: meniosparthenonas. Rustikales Lokal mit Grillgerichten. Man sitzt herrlich auf der Terrasse unter einem jahrhundertalten Olivenbaum.

47 Pórto Karrás ★ [G6]

Πόρτο Καρράς

Was den Franzosen Saint-Tropez und den Italienern Portofino, ist in Griechenland Pórto Karrás. Zwar mag der Vergleich etwas hinken, weil es hier keinen historischen Ortskern gibt, doch wenn es den internationalen Jetset an die Küste Chalkidikís zieht, dann ist die 4 km südlich von Néos Marmarás 45 gelegene Resortanlage fraglos die erste Wahl. Zwar

sind die drei hier angesiedelten Hotels nur Großverdienern zu empfehlen, aber ein Spaziergang durch die Anlage mit dem tief eingeschnittenen Jachthafen ist auch allen „Normalsterblichen" erlaubt.

Die Entwicklung von Pórto Karrás – auch **Porto Carras** geschrieben – geht auf die 1970er-Jahre zurück, als der **Reeder Ioánnis „John" Karrás** (1907–1989) die futuristischen Luxushotelanlagen bauen ließ, die heute als Porto Carras Grand Resort bekannt sind. Die Pläne hierzu entwarf kein Geringerer als der Bauhaus-Architekt **Walter Gropius.** Das „Mini-Monte-Carlo" besteht aus den Hotels Porto Carras Sithonia und Meliton sowie dem Village Inn, also zwei riesigen Luxusbettenburgen und einem VIP-Bungalow-Komplex, die nicht nur rein optisch ein bisschen zu klobig für diese Gegend wirken. Auf einer gewaltigen Fläche verfügen Hotelgäste über alle Annehmlichkeiten inklusive Golfkurs, Tennisplätzen, Country- und Reitclub (geführte Ausritte auch für Nichthotelgäste), Tauchschule und einem der größten Spa- und Thalassotherapie-Zentren in Südosteuropa. Hinzu kommen ein öffentlich zugängliches **Casino,** mehrere Restaurants und Boutiquen, ein Nachtclub sowie der größte **Jachthafen** in Nordgriechenland. Angeschlossen ist außerdem das **Weingut Domaine Porto Carras.**

Seit 2020 gehört das Anwesen zum Firmenimperium des griechisch-russischen Oligarchen Iván Savvídis (Iwan Sawwidi), der auch der Eigentümer des Fußballvereins PAOK Thessaloníki ist.

Abseits vom Tohuwabohu: Im Bergdorf Parthenónas (46) geht es beschaulich und ruhig zu

Der rund 700 m lange, sandige **Porto Carras Beach** und der ruhigere **Kochí Beach** südlich des Hafens sind nicht nur für Hotelgäste zugängig – so schreibt es die griechische Gesetzgebung vor.

› **Porto Carras Grand Resort,** www.portocarras.com

181 Domaine Porto Carras, an der Nationalstraße, Tel. 2375077437, https://domaineportocarras.com, tägl. 10–20 Uhr. In dieser Weinhandlung bekommt man die Tropfen aus dem Weingut Château Porto Carras, das auf 450 ha Rebfläche ausschließlich biologische Sorten produziert. Auch Touren durch das Anbaugebiet sind möglich.

Die Küste zwischen Pórto Karrás und Toróni

Wer etwas Zeit mitbringt und nach seinem ganz persönlichen Herzensstrand Ausschau halten möchte, der sollte sich motorisiert von Pórto Karrás (47) aus über die serpentinenreiche, nur streckenweise asphaltierte Küstenstraße gen Süden aufmachen. Hier findet man Traumbuchten zuhauf.

Ab der **Domaine Porto Carras** (s. oben) geht es westwärts, zunächst in Richtung **Villa Kalyva Mare** – wo man die kleine **Insel Kélifos** [F6] im Blick hat – und dann in südliche Richtung vorbei an Weinreben und Olivenhainen sowie durch dicht bewaldete Abschnitte. In diesem Landstrich reihen sich zig kleine Buchten aneinander, die man meist über unbefestigte Stichstraßen erreicht. Voll wird es hier nie, mit ein bisschen Glück hat man den einen oder anderen Strand sogar ganz für sich allein.

Etwas mehr los ist höchstens in der **Paralía Agías Kiriakís** genannten Strandsiedlung mit Campingplatz oder südlich davon rund um das hiesige Campingareal. Wer auf die weiter südlich gelegene Landzunge fährt, erreicht den wilden **Diapórti Beach**, wo man parken kann. Über eine schmale, manchmal teilweise überspülte Sandbank geht es von dort zu Fuß auf die kleine, mit Olivenbäumen bewachsene **Insel Poúnda** [G6].

Weitere Strandabschnitte sind unter anderem der **Likíthos Beach** und gleich gegenüber der recht große, sichelförmige **Poseidon Beach** (auch Azápiko genannt) mit einer viel besuchten Strandbar. Ab dort verläuft die Küste in südöstliche Richtung und besitzt abermals einige verträumte Sandstrandbuchten, darunter **Kechrí Beach.** Hier schließt sich der große, aus drei Teilabschnitten bestehende **Aretés Beach** an, an dem es zwar immer noch relativ ruhig, aber auch etwas kommerzieller als an den vorgenannten Stränden zugeht. Von Letzterem ist es nur noch ein Steinwurf zum beliebten Badeort Toróni 48 mitsamt seinen Badebuchten.

Essen und Trinken

182 Pános €€, nördlich des Campingplatzes Areti, direkt an der Küste, Tel. 2375072381, Facebook: Panos-Restaurant. Schick gestylte Taverne an einem winzigen Fischerhafen. Große Auswahl an Meeresgetier und köstlichen Nachspeisen.

183 Tavérna Apóstolos €-€€, Aretés Beach, Tel. 2375051328, Facebook: TavernaApostolos. Unter Schilf speist man hier urig direkt am Strand. Fisch- und Fleischgerichte.

184 Tonis €€-€€€, Paralía Agías Kiriakís, Tel. 2375071138, Facebook: TonisFish Restaurant. Etwas abseits des Strandes gelegenes, elegantes Fischlokal. Der hier servierte Wein stammt aus eigenem Anbau.

48 Toróni ★★★ [G6]

Τορώνη

Das kleine Toróni führt einen mythologischen Namen und hat auch in archäologisch-historischer Hinsicht einiges zu bieten, ist es doch bereits seit dem 8. Jh. v. Chr. bewohnt. Die meisten Besucher verschlägt es indes v. a. wegen des vielseitigen Küstenabschnitts mit seinen attraktiven Stränden hierher.

Der griechischen **Mythologie** zufolge war Toroni die Frau von Proteus, dem Sohn des Meeresgottes Poseidon. Ihre Söhne Poligonos und Tilegonos wurden getötet, als sie Herkules im Kampf herausforderten.

Höchstwahrscheinlich wurde die erste Stadt von **Siedlern aus Chalkída** (Insel Euböa) gegründet und entwickelte sich bald zu einem der wichtigsten Orte der gesamten Region Chalkidikí. Toróni nahm aktiv an den Perserkriegen sowie am Peloponnesischen Krieg teil und wurde im Jahr 348 v. Chr. zunächst von Philipp II. und dann 168 v. Chr. von den Römern erobert. Seit dieser Zeit verlor Toróni an Bedeutung und wurde zu einer kleinen Ortschaft, die immer wieder unter Raubzügen und Piratenüberfällen zu leiden hatte.

Archäologische Funde in Form von baulichen Überresten einer Festung und der antiken Stadt finden sich am Südende der Bucht und auf der sich anschließenden Landzunge (s. S. 88).

Der moderne Ort stellt eine weitläufige, dezentrale Siedlung dar, die entlang eines wundervollen, rund 2 km langen, recht grobsandigen **Strandes** am aquamarinfarbenen, sanft abfallenden Wasser liegt. Längst hat sich Toróni zu einem Urlaubermagnet entwickelt und obwohl das Angebot an

062mt-dk

Unterkünften, **Tavernen,** Strandbars und Einkaufsmöglichkeiten hier groß ist, hat es der Ort geschafft, seine **Ursprünglichkeit** zu bewahren. Das liegt auch daran, dass überdimensionale Resortanlagen (noch) weitestgehend fehlen und die Bebauung entlang des Ufers immer wieder durch **Grünflächen** unterbrochen wird.

Am Nordrand ragt eine Felsnase um den wenig besuchten **Kórakas Beach** ins Meer, nordwestlich schließt sich der ebenfalls meist ruhige **Desténika Beach** an. Viele Erholungssuchende ziehen jedoch den einen Katzensprung weiter westlich gelegenen **Tristínika Beach** vor, einen ausgedehnten Sandstrand mit einer Länge von mehr als 1 km, der primär von den Gästen der nahen Campingplätze aufgesucht wird. Hier erinnert noch einiges an die Flower-Power-Zeiten der 1970er-Jahre, wozu speziell die chillige **Ethnik Beach Bar** (s. unten) ganz im Westen des Strandes ihren Teil beiträgt.

Äußerst beliebt ist das Meer um Toróni bei **Tauchern,** denn zahlreiche Unterwasserziele wie der ehemalige Hafen von Lekythos (Líkithos), das Wrack eines Piratenschiffs und Höhlen garantieren Scuba-Nervenkitzel.

⌃ *In der Bucht von Toróni schlummern noch einige Geheimnisse der Antike (s. S. 88)*

Essen und Trinken

185 Dimítris €-€€, zentraler Strandbereich, Tristínika Beach, 2375051166. Uriges Strandrestaurant mit einfacher, aber verlässlich guter Küche.

186 Ethnik Beach Bar, im Westteil von Tristínika Beach, Tel. 6937380554, Facebook: Ethnik-Beach-Bar-official. Die vielleicht entspannteste Beachbar der Chalkidikí.

187 Léon €€, zentraler Strandbereich, Toróni, Tel. 2375051342. Gegrillter Fisch oder knusprige Calamari mit Meerblick gefällig? Bei Léon kein Problem.

188 Parálio Café Bar, südlicher Strandbereich, Toróni, Tel. 2375051220. Cooles Strandlokal mit behaglichen Sitzecken und Liegen.

49 Pórto Koufó ★ [G7]

Πόρτο Κουφό

Pórto Koufó liegt fast an der Südspitze Sithonías, also etwa dort, wo der Toronesische Golf mit dem Ägäischen Meer zusammentrifft. Der kleine Naturhafen gehört noch hauptsächlich den Fischern, doch auch Segeljachten und Ausflugsboote liegen hier regelmäßig vor Anker. Besucher verschlägt es vor allem in die Tavernen des kleinen Hafenortes, denn frischer bekommt man Fisch und Meeresfrüchte kaum irgendwo in der Region serviert.

Wer nach Pórto Koufó kommt, braucht nicht viel Fantasie, um zu erahnen, warum die Übersetzung des Ortsnamens **„tauber Hafen"** lautet: Die rund eine Seemeile lange, von Felsen eingefasste Einfahrt für Schiffe liegt auf der westlichen Seite der Halbinsel Sithónia, doch sie vollführt eine 90-Grad-Biegung nach Norden und bietet somit bei jeder Witterung Schutz. Damit handelt es sich um einen der **sichersten Ankerplätze** in Nordgriechenland. Vom Meer aus ist der Naturhafen nicht sichtbar und durch die ihn umgebende **Hügelkette** ist er ebenfalls geschützt. Aus die-

Historische Zeugnisse in der Umgebung von Toróni

Um Toróni 48 finden sich auffallend viele Relikte vergangener Zeiten. Zwar handelt es sich dabei ausschließlich um Ruinen, doch lassen sie sich gut im Rahmen einer Wanderung ablaufen – eine aktive und spannende Alternative zum bloßen Müßiggang am Strand. Die Wanderung lässt sich in gut zwei Stunden bewältigen, die einzelnen Sehenswürdigkeiten sind ausgeschildert und frei zugänglich.

Deutlich zu erkennen ist zunächst das Felskap am südlichen Ende der Bucht, auf dem die Überreste der **Festung von Lekythos (Líkithos)** liegen. Dabei handelt es sich um den Hafen der damals Toróne genannten Stadt. Teile davon befinden sich heute einige Meter von der Küste entfernt im Meer. Steinmetzarbeiten und auch große Mengen an Keramik fand man hier, von denen viele aus Euböa, Attika, Thessalien und den Kykladen importiert wurden: ein Beweis für das rege Handelsnetz zu jener Zeit.

Marschiert man vom besagten Kap in südliche Richtung auf die bewaldete Halbinsel, wo die antike Stadt damals lag, finden sich weitere Überreste der einstigen Besiedlung. Darunter ist etwa die **Ruine der frühchristlichen Kirche Ágios Athanásios**, eine ursprünglich dreischiffige Basilika aus dem 5. Jh., die jedoch durch einen Brand zerstört wurde. Zu sehen ist heute noch das **Mosaik des Hauptschiffs.** Auch ein ehemaliger **Friedhof** mit 134 Gräbern ist zu erahnen, der wohl von Ende des 2. Jh. bis Mitte des 9. Jh. für Beisetzungen genutzt wurde.

Weiter südlich stand auf etwa 330 m Höhe die **Akropolis von Toróne.** Hier sieht man noch einige verstreute Steinquader, von denen aber die meisten zu Beginn des 20. Jh. abgetragen wurden, als die Osmanen sie zum Straßenbau verwendeten.

Ganz im Süden der Halbinsel und somit bereits oberhalb der Einfahrt in die Bucht von Pórto Koufó 49 stehen die als **Kanónia** („Kanonen") markierten **Verteidigungsanlagen** mit ihren Plattformen, auf denen während des Zweiten Weltkriegs deutsche Flakgeschütze standen.

sen Gründen waren hier während des Zweiten Weltkriegs deutsche U-Boote stationiert, denn der Hafen bot sowohl eine natürliche Deckung für die Flugabwehr als auch einen direkten Zugang zur Ägäis. Dem **Denkmal** zu Ehren der hier abgestürzten Hubschrauberbesatzung neben dem Hauptabschnitt des Hafens sollte man einen Blick schenken.

Der **Ort Pórto Koufó** besteht gerade mal aus ein paar Häusern, in denen v.a. Fischer und ihre Familien wohnen. Die Anzahl der **Tavernen** ist im Vergleich zur geringen Einwohnerzahl beeindruckend.

Zwar verläuft an der Ostseite des Naturhafens ein rund 1,5 km langer, sehr schmaler **Strandabschnitt**, hinter dem sich im südlichen Bereich eine **Lagune** erstreckt, doch macht das Baden andernorts mehr Freude, nicht zuletzt, weil man sich hier eher wie an einem Binnensee fühlt.

Abenteuerlustige folgen einem **Wanderweg** in Richtung Süden zum meist menschenleeren **Maráthias Beach** und weiteren kleineren Badebuchten. Nicht unbeschwerlich ist die Tour zum **Kap Sithonía,** auch bekannt als **Akrotíri Sithonías** [H7], einem „Doppelstrand" auf einer Landzunge (insgesamt knapp 6 km ab dem Ortskern von Pórto Koufó). Hier hat man den **südlichsten Punkt Sithonías** erreicht, dessen Umfahrung aufgrund der schroffen Felsen einst von Seefahrern gefürchtet war.

Essen und Trinken

189 To Delfíni €-€€, am Hafen, Tel. 2375051311. Etwas abseits gelegene, kleine Taverne mit Fisch und Meeresfrüchten sowie Hafenblick.

190 Tzitzikás €€, am Hafen, Tel. 2375051270, www.tzitzikas.eu. Klassische griechische Fischspezialitäten.

50 Kalamítsi ★★ [H6]

Καλαμίτσι

Der Südzipfel Sithonías ist durch eine schroffe Felsenküste mit zerklüfteten Buchten gekennzeichnet, die jedoch fast ausnahmslos nur vom Wasser aus erreichbar sind. Im Umfeld der kleinen Siedlung Kalamítsi finden sich die einzigen auf dem Landweg erreichbaren Strandabschnitte.

Ab Pórto Koufó 49 setzt sich die **Nationalstraße** in östliche Richtung fort und erschließt das bergige Hinterland oberhalb der Küste. Zunächst fährt man durch eine stark bewaldete und danach kargere, mit Macchia bewachsene Gegend, bis man nach rund 11 km Kalamítsi erreicht. Entlang der Strecke erblickt man in einiger Entfernung immer wieder das Meer und auch der Berg Áthos kommt langsam zum Vorschein – mehrere Haltebuchten an **Aussichtspunkten** oder die Terrasse der Taverne **Panorama** (s. S. 90) lohnen für **Fotostopps.**

Das winzige Kalamítsi ist im Prinzip nichts weiter als eine Ansammlung von Gebäuden, in denen einige Privatunterkünfte und Hotels untergebracht sind. Das Gros der Urlauber, kommt jedoch auf dem örtlichen **Campingplatz** unter.

Wer schwimmen möchte, kann sich an den geschwungenen, etwa 500 m langen **Kalamítsi Beach** begeben. Feiner Sand, Wassersportmöglichkeiten und Beachbars fehlen nicht, vorgelagert ist eine winzige **Felsinsel** und gleich hinter dem Strand gibt es ein überschaubares gastronomisches Angebot. Beliebt ist Kalamítsi als Basis für Erkundungstouren unter Wasser, denn die felsige Küste mit ihrem Fischreichtum eignet sich perfekt für unvergessliche **Schnorchel- oder Tauchgänge.**

Ein weiterer, ebenfalls gern besuchter Strand erstreckt sich unmittelbar südlich des Dorfzentrums, unterhalb des besagten Campingplatzes. Er ist unter dem Namen **Thálatta** bekannt. Wesentlich stiller geht es am kleinen **Kalamitsáki Beach** eine Bucht weiter östlich zu, den man vom Hauptstrand aus auf einem Ziegenpfad erreicht und der keinerlei Infrastruktur besitzt. Wer es noch abenteuerlicher mag, der kann sich von der erwähnten Nationalstraße 7,5 km vor Kalamítsi entlang einer holprigen Schotterpiste hinunter zum wilden **Ámbelos Beach** [H7] aufmachen, vor dem Fischzucht betrieben wird.

Essen und Trinken

191 Panorama Kalamítsi €€, an der Nationalstraße oberhalb der Küste, Tel. 6972249186 und 6946096181. Diese Taverne ist ca. 5 km vor Kalamítsi hoch über dem Meer gelegen. Man genießt einfache griechische Küche mit grandiosem Blick.

192 Tavérna Zórbas €-€€, Kalamítsi Beach, Tel. 6944156115, https://zorbas-halkidiki.hpage.com. Angenehme Taverne mitten am Strand, die – wie sollte es anders sein – auf Fisch und Meeresgetier spezialisiert ist.

51 Skála Sikiás ★★ [H6]

Σκάλα Συκιάς

An der tief eingeschnittenen Bucht von Skála Sikiás im äußersten Osten der Halbinsel geht es vergleichsweise geruhsam zu. Vorrangig Camper und Selbstverpfleger kommen hierher, von Massentourismus keine Spur. Wer eine Pause vom Sonnenbaden braucht, kann dem nahe gelegenen Sikiá (s. S. 91) im Landesinneren einen Besuch abstatten.

Der **Küstenort** liegt am östlichen Ende eines fruchtbaren Tals, das sich in Hufeisenform zum Meer hin öffnet – mit kolossalem Blick auf den Berg Áthos. Eine richtige Ortschaft darf man nicht erwarten, vielmehr handelt es sich um eine Ansammlung von Privathäusern, darunter viele mit Flächen für Obst- und Gemüseanbau, Apartmentanlagen und einigen kleinen Hotels, die allesamt in der Nähe des ca. 1,5 km langen **Sandstrandes** angesiedelt sind. Ansonsten gibt es nur wenige Lokale, ein paar Lebensmittelgeschäfte und einige Ruinen, darunter die zweier **Windmühlen** aus dem 19. Jh. Im Norden der Bucht erstreckt sich das Gelände eines Campingplatzes.

063mt-dk

Wer hier Urlaub macht, darf also keine steppenden Bären erwarten und sollte etwas für Natur und Schlichtheit übrighaben. Ausgedehnte **Wanderungen** sind in der Gegend zur Genüge möglich, etwa entlang der Küste nach Norden hin, wo zunächst der ebenfalls recht lange **Katarína Beach** mitsamt Campingplatz und ein Stück weiter nördlich der beschauliche **Valtí Beach** zu finden sind. Von dort führt die Uferstraße landeinwärts und umrundet auf einer Strecke von knapp 2 km die erhöhte Felsnase, um anschließend an den kleinen, entlegenen **Agrídia Beach** zu führen, der in eine schmale Felsbucht eingebettet ist.

Auch südöstlich von Skála Sikiás hat man mit dem geruhsamen **Linaráki Beach**, dem idyllischen **Pigadáki Beach** und dem recht breiten **Turkolimniónas Beach** weitere potenzielle Ziele für Erkundungen per pedes. Einen Steinwurf weiter östlich erstreckt sich der nur selten volle **Klimatária Beach** mit kristallklarem Wasser. Von dort zieht sich eine nur sporadisch mit Macchia bewachsene **Hügellandschaft** ostwärts, die von zahllosen Pisten und ein paar asphaltierten Straßen durchkreuzt wird. Ursprünglich sollte hier ein Feriendorf für Staatsdiener und ihre Angehörigen gebaut werden, doch daraus wurde wohl nichts – ob wegen fehlender finanzieller Mittel oder korrupter Verantwortlicher, bleibt im Dunkeln. An der Ostseite dieses an ein Labyrinth erinnernden Areals erstreckt sich der 500 m lange **Kriarítsi Beach** samt Campingplatz, der in den Sommermonaten von Wohnwagen bevölkert wird und dank seiner hervorragenden Wasserqualität durchaus einen Aufenthalt lohnt. Nördlich davon liegt außerdem der von Felsen durchsetzte **Tiganía Beach**, ein Eldorado für **Schnorchler.**

193 5 Steps in the Sand €€, Pigadáki Beach, Tel. 2375041206, Facebook: 5stepsinthesand. Direkt am Meer gelegene Bilderbuch-Taverne ganz im Süden der Bucht.

◁ *Der Küstenstreifen bei Skála Sikiás zeichnet sich durch grandiose Aussichtspunkte aus*

MEIN TIPP

Sikiá: Wo die Uhren langsamer ticken

Skála Sikiás **51** – wörtlich „Treppe Sikiás" – ist streng genommen der Hafen des kleinen, rund 4 km entfernten Ortes **Sikiá** [H6], der sich an die Hänge des Koúkos-Hügels schmiegt. „Treppe" bezieht sich dabei wohl auf die zum Meer hin abfallende, primär landwirtschaftlich genutzte Ebene.

Sikiá ist mit etwa 2500 Einwohnern eine der größeren Ortschaften Sithonías, mutet jedoch – anders als die Küstenorte – erfrischend untouristisch an. Viele Häuser sind historisch, auch die **Ágios Athanásios** geweihte **Dorfkirche** stammt in ihrer jetzigen Form aus dem Jahre 1861. Um den schmucken Hauptplatz und in den angrenzenden Gässchen locken urige **„Tante-Emma-Lädchen"** und authentische einheimische **Lokale.**

Westlich des Ortes wurde auf dem **Koúkos-Hügel** eine **Siedlung** mit einer ummauerten Anlage und einem **Gräberfeld aus der frühen Eisenzeit** (1050–670 v. Chr.) freigelegt, die sich besichtigen lässt (frei zugänglich).

194 Ouzerí Kéndro Igías €, am Hauptplatz, Sikía, Tel. 6936084024. Einfache, aber äußerst beliebte Ouzerie im Ortskern, in der auch Klassiker der griechischen Küche serviert werden.

52 Sárti ★★★ [H5]

Σάρτη

Mit etwa 1200 ständigen Einwohnern zählt Sárti zu den größeren Orten der Chalkidikí und in den Sommermonaten wird es hier wahrlich voll. Auf Sithonía eilt ihm v.a. der Ruf einer Nightlife-Hochburg voraus. Auch der Strand erfreut sich großer Beliebtheit und wurde bereits des Öfteren als einer der zehn besten Strände Griechenlands ausgezeichnet.

Sárti wurde 1922 als Flüchtlingsdorf gegründet, doch ziemlich sicher befand sich hier bereits eine **antike Stadt**, ein Mitglied des Athener Bundes, die der Geschichtsschreiber Herodot (484–425 v.Chr.) als Durchgangsort von Xerxes I. (519–465 v.Chr.) erwähnt.

Trotz Fremdenverkehr hat sich Sárti seine **urgriechische Identität** bis heute bewahren können und wer durch die im Schachbrettmuster angeordneten Straßen spaziert oder auf der **Platía** innehält, der merkt schnell, dass im Dorf auch ohne Urlauber alles seinen alltäglichen Gang geht. Einfache Geschäfte, behagliche Tavernen und nicht zuletzt das Tagwerk der Dorfbewohner prägen den Alltag über das Gros des Jahres hinweg. Die allermeisten Hotels, Pensionen und privaten Anbieter von Apartments sind v.a. im zentralen und südlichen Bereich des rund 2 km langen Küstenstreifens mit seinem einladenden **Sandstrand** angesiedelt, während der Norden vorwiegend von Einheimischen bewohnt wird.

Nicht zu übersehen ist von praktisch überall der 2033 m hohe **Berg Áthos** [J5], der bei guter Witterung beinahe zum Greifen nah scheint. Das Angebot an touristischer Infrastruktur ist groß. Ansprechend gestaltet ist die **Uferpromenade**, die zahllose Café-Bars und Restaurants säumen. Etwas zurückversetzt liegt der Ortskern, wo so mancher Nightlife-Spot allabendlich seine Tore öffnet.

Nördlich des Ortes gelangt man zum entspannten **Achláda Beach** und zu einem kleinen **Fischerhafen**, von dem **Ausflugsboote** zu Fahrten entlang der Küste der Halbinsel Áthos und zur Insel Ammouliani 19 in See stechen (ab 32 € pro Person).

Wer dem Getümmel in Sárti entfliehen möchte, der sollte sich an den **Plataniá Beach** [H6] südlich des Hauptstrandes begeben. Etwa 2,5 km südlich erreicht man über Pisten außerdem den **Tranós Ágios Nikólaos Beach**, wo die viel gerühmte **Goa Beach Bar** (s. unten) Besucher erwartet. Dank ihrer legendären **Beachpartys** kann sie getrost als eine der coolsten Strandbars der Chalkidikí bezeichnet werden.

Infos und Reisetipps

195 Sithon Travel, im Ortskern, Tel. 2375094040, www.sithontravel.gr. Informationsbüro für Reisende und Veranstalter für Bootsausflüge, Maulesel-Reittouren, Tagesausflüge nach Thessaloníki u. v. m.

Essen und Trinken

196 Goa Beach Bar, Tranós Ágios Nikólaos Beach, Tel. 6977995220, Facebook: goabeachbar. Angesagte Strandbar, die im Sommer immer freitags und samstags populäre Beachpartys veranstaltet.

197 Peponáki Karpuzáki, im Ortszentrum, Tel. 6972839239. Schrille Café-Bar, in der es neben warmen und kalten Getränken sowie Cocktails auch kleine Speisen gibt.

198 Ta Vrahákia €€, nördlicher Abschnitt der Uferpromenade, Tel. 2375094576, https://tavrahakia.com. „Die kleinen Felsen" ist eine verlässlich gute Taverne mit hübscher Terrasse, von der man einen grandiosen Blick auf die Küste und den Berg Áthos genießt. Man sollte v. a. die Fisch- und Meeresfrüchtegerichte probieren.

199 To Pirofáni €€, im Ortszentrum, Tel. 2375094170. In einer Parallelstraße zum Strand lockt diese bei Einheimischen äußerst beliebte Taverne. Man genießt die ganze Bandbreite der lokalen Küche inkl. Fleisch und Fisch vom Grill.

Nördlich des Hauptstrandes von Sárti liegt der örtliche Fischerhafen

Die Badebuchten nördlich von Sárti

Rund 28 km sind es von Sárti 52 bis Vourvouroú 53 über die kurvenreiche Nationalstraße, die sich etwas versetzt oberhalb der Küste durch die bewaldete Landschaft schlängelt. Nur stellenweise öffnet sich der Blick auf das Meer und man könnte meinen, dass das Ufer weiter unten nur aus unzugänglichen Steilklippen besteht. Doch tatsächlich liegen hier paradiesische, verhältnismäßig unberührte Strände.

Eine Gemeinsamkeit ist, dass diese Strände meist nur über staubige **Stichstraßen** zu erreichen sind, es abgesehen von Campingplätzen keine Unterkünfte gibt und teilweise nur saisonal improvisierte Strandlokale für das leibliche Wohl sorgen. Dafür zeichnen sich alle Badebuchten durch **glasklares Wasser** und einer **Mischung aus grobem Sand und Felsen** aus, weshalb es Freude macht, sich auf die Suche nach dem eigenen, ganz persönlichen Strandparadies zu begeben.

Etwa 4 km nördlich des erwähnten Achláda Beach gelangt man zunächst zum **Platanítsi Beach** [H5], wo sich ein großer Campingplatz befindet. Beschaulicher präsentieren sich die kleinen Buchten nördlich des Strandes, die man jenseits der Felsen zu Fuß erreicht. Rund 2 km weiter kommt man an einen halbrunden, felsig eingefassten Küstenabschnitt, an dem die kleinen Strände **Orange Beach** und **Kavourótripes Beach** mit natürlichem Schatten liegen. Abenteurer begeben sich über durch den Wald verlaufende Ziegenpfade und zum Klettern einladende Felsen an den weiter westlich gelegenen, kleinen **Méga Portokáli Beach**.

Kommerzieller geht es am **Armenistís Beach** [G5–6] ca. 8 km nordwestlich zu: Auch hier gibt es einen großen Campingplatz inklusive Bungalows und so erreicht man den fast 600 m langen, nur an den Flanken recht felsigen Strand besser als die vorgenannten. An dem Strand werden Wassersportmöglichkeiten angeboten, eine Taverne steht zur Verfügung und auch Familien mit kleinen Kindern werden sich hier wohlfühlen.

Über die folgenden Kilometer gelangt man zu drei kleinen Stränden: ganz im Osten zunächst den **Aktí Onírou Beach** [G5] mit der angesagten **Manassú Beach Bar.** Vollkommen unkommerziell – nomen est omen – präsentiert sich dagegen der abgeschiedene **Robinson Beach,** während man sich am kleinen, mit Schatten gesegneten **Banana Beach** mit der chillig-exklusiven **Rodia Beach Bar** optimal erholen kann.

Gut ausgestattet ist der **Zográfou Beach** mit seinem großzügigen Campingplatz, auch hier mit Bungalows. Er liegt in einem bewaldeten Talkessel, der sich mit einem rund 300 m langen Strand zum Meer hin öffnet. Zwar konzentriert man sich v. a. auf Campingurlauber, doch auch Tagesbesucher sind willkommen. Wer möchte, kann in die umliegenden Buchten, wie den östlich gelegenen **Bahia Beach,** ebenfalls mit hipper Strandbar, oder an den westlich, unterhalb einer kleinen Kapelle gelegenen **Dimítrios Beach** ausweichen. Der letzte Strand vor Vourvouroú ist der recht breite, ca. 360 m lange **Koutloumoúsi Beach,** ebenfalls mit Campingplatz.

Badespaß in Bestform: Der Karídi Beach liegt nordöstlich von Vourvouroú

Essen und Trinken

200 Manassú Beach Bar, Aktí Onírou Beach, Tel. 6981282588, Facebook: Manassu.beach.bar. Luxuriös-stylisches Strandlokal mit erstklassiger Küche.

201 Rodia Beach Bar, Banana Beach, Tel. 6985171725, https://rodiabeach.com.gr. Zwischending aus Strandbar und Restaurant mit griechischen Gerichten sowie Pizzen, Burgern u. v. m.

53 Vourvouroú ★★★ [G5]

Βουρβουρού

Lust auf Südseefeeling ohne Jetlag? Noch türkisblauer als das paradiesische Meer in der Bucht von Vourvouroú geht es beinahe nirgends auf der Chalkidikí. Eine Lagune, flankiert von Landzungen und Sandbänken, sowie neun Inseln schreien förmlich danach, erkundet zu werden.

Die Bucht von Vourvouroú wird bereits seit der **Antike** bewohnt, wie Ruinen auf der Insel Diáporos belegen. Im 10. Jh. bezeichnete man das Gebiet als „Land der Bourbonen", während des **Byzantinischen Reiches** wurde es dem Kloster Xenofóndos auf der Halbinsel Áthos als *metóchi* (in etwa „Klosterfiliale") zugesprochen und Jahrhunderte später an russische Mönche verkauft, die man jedoch schon bald vertrieb. Ab den 1960er-Jahren verschlug es immer mehr Urlauber hierher, zunächst v. a. Mitarbeiter der Universität Thessaloníki, die eine schmucke Feriensiedlung bauen ließ, und später auch Touristen aus dem In- und Ausland.

Heute präsentiert sich Vourvouroú als typischer **Urlaubsort** mit einem breiten Unterkunftsangebot, aber auch allen anderen Annehmlichkeiten, die Besucher für eine entspannte Zeit am Meer erwarten. Allerdings besitzt Vourvouroú keinen kompakten Ortskern, vielmehr handelt es sich um eine Ansammlung individueller Hotel- und Apartmentanlagen, die sich, mit Grünflächen durchsetzt, über eine Strecke von fast 5 km an die halbrunde, an eine sich brechende Welle erinnernde **Bucht** schmiegen. Praktisch alle Unterkünfte, aber auch Lokale und Geschäfte sind entlang der **Hauptstraße** angesiedelt. Der parallel verlaufende **Hauptstrand** besteht aus Sand und Kies, ist schmal und verhältnismäßig unspektakulär.

Demgegenüber stehen die nahegelegenen Attraktionen wie der sensationelle **Karídi Beach** nordöstlich von Vourvouroú, der aus zwei unverbauten Buchten besteht. Es handelt sich dabei um einen Sandstrand, der von einigen bizarren Felsformationen flankiert wird. Sehenswert ist ferner der nordwestliche Teil des Küstenabschnitts, wo die seichte **Livári-Lagune** zu erlebnisreichen Spaziergängen verführt.

Mit einem **Motorboot** (s. S. 96), per **Seekajak** oder Kanu, auch im Rahmen einer **geführten Tour**, lassen sich die Vourvouroú vorgelagerten **neun Inseln** erkunden, auf denen natürlich unzählige Badeplätze zur Wahl stehen. Das größte dieser Eilande ist die von Kiefernwäldern bedeckte **Insel Diáporos**, an deren Nordseite die zerklüftete Küste ein herrliches Refugium darstellt. Besonders die hier gelegene, natürliche, mehr als 700 m lange **Kríftos-Bucht** mit seichtem Ufer ist ein ideales Ausflugsziel. Aber auch sonst macht es einen Riesenspaß, über das Meer zu schippern und sich sein eigenes Lieblingsplätzchen zu suchen.

Fährt man von Vourvouroú mit dem Auto in Richtung Órmos Panagiás 54, führen kleine Straßen und Pisten gen Norden zu einer weiteren lang gezogenen **Landzunge.** Große Strandabschnitte fehlen an der hier vorherrschenden felsigen Küste, aber manch kleine Bucht lädt zum Baden ein.

Infos und Reisetipps

S202 Sea Kayak Halkidiki, direkt am Strand, https://seakayakhalkidiki.gr, Mai–Ende Okt. abwechslungsreiche Seekajaktouren, u. a. inklusive Yogasession oder einer Wanderung

Essen und Trinken

203 Garlic €-€€, an der Uferstraße, Tel. 2375091025. Rustikal-trendiges Lokal mit Grillgerichten, Burgern und großer Auswahl an Craft-Bieren.

204 Gorgóna í Poúlman €-€€, unmittelbar am Ufer, Tel. 2375091461. Bereits seit Jahrzehnten besteht dieses beliebte Lokal. Zur Wahl steht eine Vielzahl an Fisch- und Fleischgerichten.

065mt-dk

MEIN TIPP

Endlich mal Hochseekapitän!

Die **Erkundung der umliegenden Inseln** ist das unangefochtene Highlight in Vourvouroú 53 und so erstaunt es nicht, dass es hier zahlreiche **Bootsvermietungen** gibt. Freizeitkapitäne, die **keinen Bootsführerschein** besitzen, können Boote ausleihen, die einen rund 30 PS starken Außenbordmotor haben und über ein Sonnensegel verfügen. Besondere Kenntnisse sind nicht erforderlich und angesichts die Tatsache, dass die See im Singitischen Golf meist ruhig ist, bestehen hier auch keine größeren Gefahren. Für einen Tag zahlt man je nach Anbieter und Größe des Bootes 70–120 € zuzüglich Benzin. Speziell im Hochsommer empfiehlt es sich, ein Boot im Vorfeld zu reservieren. Die folgenden **Anbieter** sind empfehlenswert:

- **Bluewater Boats,** www.bluewaterboats.gr
- **Diaporos Boat Rentals,** www.diaporos-boats.gr
- **Get Wet Boat Rental,** www.getwet.gr
- **Paradise Boats,** https://paradise-boats.com
- **Yolo Rent a Boat,** www.yolorentaboat.gr

54 Órmos Panagiás ★★ [F4]

Όρμος Παναγίας

Streng genommen handelt es sich bei dieser winzigen Siedlung um den Fischerhafen des 2,5 km entfernten, im Inland gelegenen Ágios Nikólaos 55, doch freilich haben sich viele Seeleute heute längst auf touristische Fahrten spezialisiert und bieten diverse Bootsausflüge an.

Órmos Panagiás – zu Deutsch „Ankerplatz der Mutter Gottes" – ist klar auf den Fremdenverkehr eingestellt. Dennoch konnte man sich seinen Charme erhalten und der winzige **Ortskern** gleich am **Hafen**, den sich Sightseeing-Schiffe, Jachten und nach wie vor einige Fischerboote teilen, ist durchaus ansehnlich.

In Órmos Panagiás kann es voll werden, denn im Sommer stechen mehrmals täglich die zwei- und dreimastigen **Ausflugsschiffe** – sie erinnern an Piratenkaravellen – in See und schippern Ausflügler auf sog. **Kreuzfahrten** (ab 35 € pro Person) entlang der Küste der Halbinsel Áthos und zur Insel Ammoulianí 19. Außerhalb der Saison ist hingegen kaum etwas los, denn gerade einmal einhundert Menschen leben ständig im Dorf.

Vor Ort gibt es keine nennenswerte Bademöglichkeit. Dafür erstreckt sich nördlich des Dorfes der feinsandige **Trianí Ammoúda Beach**, der auf 1,8 km Länge Strandfeeling vom Feinsten bietet – mit Blick auf den Berg Áthos, versteht sich. Er wird sogar oft als „Copacabana Griechenlands" bezeichnet. Lohnend ist ein Spaziergang zur Nordseite der Bucht, wo auf einer **Landzunge** die Relikte eines **byzantinischen Wachturms** stehen.

Ein weiterer, ebenso eindrucksvoller Küstenabschnitt erstreckt sich südlich von Órmos Panagiás, wo eine mit Macchia bewachsene **Halbinsel** dank ihrer Felsformationen ein beliebtes Revier für **Taucher und Schnorchler** darstellt.

An der Westseite, keinen Kilometer vom Dorfkern entfernt, liegt zunächst der kleine **Latoúra Beach** mit einem **Segel- und Sportboothafen** in der Nachbarbucht, wo auch Leihmöglichkeiten für Motorboote bestehen, die sich ohne Führerschein fahren lassen. Kaum 700 m weiter östlich liegt der halbrunde **Lagonísi Beach**, an dem eine chillige Beachbar Gäste empfängt.

Wer es einsamer mag, der findet in der Umgebung viele kleinere Badebuchten, die man über Trampelpfade erreicht. Noch einmal fast 2 km südlich liegt der von Felsen eingefasste, kleine **Tálgo Beach**, der fast gänzlich von der gleichnamigen Strandbar bewirtschaftet wird.

Infos und Reisetipps

205 Melitours Petra Giannelis-Friedrich, im Reisebüro Athos Sea Cruises Travel, kurz vor Hafen und Mole, Tel. 2375031480, www.friedrich-travel.com. Bootsausflüge und Tageskreuzfahrten ab Órmos Panagiás mit den Booten „Ágios Geórgios", „Profítis Ilías" und der sehr zu empfehlenden, kleinen „Freedom" für nur 23 Passagiere. Reservierung notwendig, v. a. in der Hauptsaison.

206 Zephyrus Boat Rental, am Jachthafen von Latoúra Beach, https://zephyrusboats.gr, Motorbootverleih auch ohne Führerschein

Essen und Trinken

207 Arístos €€, am Hafen, Órmos Panagiás, Tel. 2375031420, Facebook: ArisTosRestaurant. Stylisches Fischlokal mitten am Hafenkai mit tollem Blick auf die ein- und auslaufenden Schiffe.

208 Lagonisi Beach Bar, Lagonísi Beach, 6970046449, https://lagonisibeachbar.gr. Ordentliches Angebot an kleinen Gerichten und Snacks, darunter Pizzen, Wraps, Burger u. Ä.

209 Talgo Beach Bar, Tálgo Beach, Tel. 6986546550, www.talgobeachbar.gr. Bis spät in die Nacht geöffnet, oft auch DJ-Sets. Zu essen gibt es Pizza, Burger und Sandwiches.

55 Ágios Nikólaos ★★★ [F4]

Άγιος Νικόλαος

Willkommen in einem der architektonisch sehenswertesten Dörfer der Chalkidikí! Zwar nicht direkt am Meer gelegen, sondern etwas erhöht inmitten einer waldreichen Umgebung, bietet der Ort noch ein Stück jener Authentizität, die anderswo bisweilen dem Tourismus weichen musste. Hier kann man durch die gepflasterten Gassen flanieren und die Atmosphäre des ausgehenden 19. Jh. auf sich wirken lassen.

In Ágios Nikólaos erleben Urlauber ein typisch griechisches Ambiente

066mt-dk

Das Dorf Ágios Nikólaos wurde wohl im 14. Jh. gegründet, ganz bewusst versetzt über der Küste, weil es unten am Meer durch häufige Piratenangriffe zu gefährlich war. Im hügeligen Umland wird seit jeher traditionell **Landwirtschaft, Viehzucht und Imkerei** betrieben. Seinen Namen trägt der 2200-Seelen-Ort zu Ehren des **hl. Nikolaus von Myra,** der vom Ende des 3. Jh. bis Mitte des 4. Jh. lebte und als einer der bekanntesten Heiligen der orthodoxen Kirchen gilt.

In der **Dorfkirche Ágios Geórgios** lassen sich Ikonen und der gewaltige Kronleuchter bestaunen. Hier sollte auch ein **Rundgang** durch den Ort starten. Besonders attraktiv sind die vielen **historischen Steinhäuser** mit ihren hölzernen Balkonen und Erkern, die teilweise über 150 Jahre alt sind. Ein Blickfang ist der lauschige **Hauptplatz** mit seinem Springbrunnen, der von traditionellen Restaurants und behaglichen Cafés gesäumt ist. Überall im Ort geht es gemächlich zu, Urlauber sind deutlich in der Unterzahl.

Ein reizvoller **Spaziergang** führt zur ebenfalls Ágios Nikólaos genannten, auf einem Hügel südlich des Ortes gelegenen **Kapelle,** von wo man einen außergewöhnlichen Panoramablick genießt. Aber auch sonst lockt das Umland mit erlebnisreichen **Wanderungen** über Feldwege und Ziegenpfade.

Etwa 2 km sind es hinunter an den **Ágios Nikólaos Beach,** einen streckenweise recht breiten, ca. 1 km langen, weitestgehend unverbauten Sand-Kies-Strand. Eindrucksvoller, aber auch kommerzieller geht es ca. 6 km weiter nördlich am **Salonikioú Beach** mit seinen Hotels und Apartmentanlagen zu. Auf fast 1,5 km Länge erstreckt sich der breite Sandstrand inklusive Wassersportanbietern und Strandbars vor dem türkisblau schimmernden Wasser, doch wird die Idylle ein wenig durch die direkt am Meer vorbeiführende Straße getrübt.

Essen und Trinken

210 Mákis (Ágios Nikólaos) €€, an der Hauptstraße, Tel. 2375031433, Facebook: Taverna-Makis-Agios-Nikolaos-Sithonia. Gehobene Küche in angenehmem Dekor. Abends häufig Livemusik.

211 O Mímis €-€€, am Hauptplatz, Tel. 2375031364. Typisch griechische Taverne mit kleinen und großen Gerichten, darunter Biftéki (Hacksteak) und Pastítsio (Nudelauflauf).

Autonome Mönchsrepublik Áthos

Αυτόνομη Μοναστική Πολιτεία Άγιον Όρος

Während sich die Halbinseln Kassándra und Sithonía durch ihr Angebot an Badespaß, Gastronomie und Nachtleben auszeichnen, bildet der dritte „Finger" der Chalkidikí hierzu einen starken Kontrast. Der 2033 m hohe Berg Áthos [J5] dominiert die rund 336 km² große Halbinsel und gilt als heilig, weshalb hier nachweislich seit dem 9. Jh. Mönche leben, die eine autonome Verwaltungszone – eine sog. Mönchsrepublik – ausgerufen haben. Wer sie besucht, tut dies aus spirituell-religiösen Gründen, aber auch zum Wandern auf den uralten Pfaden, die die Klöster miteinander verbinden.

Dem Glauben verbunden: Die Klöster und Skítes der Mönchsrepublik sind eine Welt für sich

Glaubt man der **Legende**, soll es die Heilige Jungfrau Maria persönlich gewesen sein, die hier in Begleitung des Evangelisten Johannes auf einer Schiffsreise von Joppa (heute Jaffa) nach Zypern vom Kurs abkam und dabei von der Schönheit des Bergs derart überwältigt war, dass sie ihn segnete und darum bat, dass er „ihr Garten" sein möge. Aus diesem Grund ist der Zutritt bis heute für alle anderen **Frauen tabu.** Aber auch männliche Gäste haben nicht ohne Weiteres Zugang zur Halbinsel Áthos: Voraussetzung ist zunächst ein Mindestalter von 18 Jahren und die vorherige Beantragung einer **Einreiseerlaubnis namens Diamonitírion** (s. S. 102). In diesem Zusammenhang sei darauf hingewiesen, dass ein Besuch der Mönchsrepublik **nur Pilgern** gestattet ist und diese keine profane touristische Sehenswürdigkeit ist. Zwar muss man dazu nicht zwangsläufig ein orthodoxer Christ oder sonst explizit gläubig sein, doch das Interesse an den Riten und Traditionen der Mönche sowie der nötige Respekt vor der lokalen Auslegung des christlichen Glaubens ist Grundvoraussetzung, um hier eine spannende Zeit zu haben. Klar, dass dabei **angemessene Kleidung** – lange Hosen sind Pflicht – und ein **dezentes, seriöses Auftreten** verpflichtend sind. Speziell in den Klosteranlagen ist häufig das **Fotografieren verboten** und auch auf übermäßigen Handygebrauch sollte man verzichten.

Der Berg Áthos wird auf Griechisch meist nur **Ágion Óros**, also **„Heiliger Berg"** genannt, gilt er doch neben Jerusalem als wichtigster Pilgerort der Ostkirchen. Die orthodoxe Mönchsrepublik umfasst diesen Berg in seiner Gänze und fast das gesamte Territorium des östlichen Fingers der Chalkidikí. Der **Begriff „Mönchsrepublik"** mag missverständlich sein, denn es handelt sich nicht um einen unabhängigen Staat, sondern vielmehr um eine **Sonderverwaltungszone** mit autonomem Status unter griechischer Souveränität. Etwa 2000 Mönche leben hier in **20 Klöstern** und zahlreichen diesen zugehörigen **Einsiedeleien**, die sich ihrerseits in Skítes genannten Kollektiven zusammenschließen.

Alle Gemeinschaften folgen dem **orthodoxen Ritus** und unterstehen der direkten Jurisdiktion des Patriarchen von Konstantinopel (eine Ausnahme bildete zeitweise nur das Esfigménou-Kloster, da es den ökumenischen Dialog mit Rom ablehnte). Dabei sind die Mönche in 17 Klöstern griechischsprachig. Im Kloster Agíou Panteleímonos sprich man hingegen Russisch, im Chilandaríou-Kloster Serbisch, im Zográfou-Kloster und in der Skíti Bogoroditsa Bulgarisch sowie in den Skítes Timíou Prodrómou und Lakkoskíti Rumänisch.

Der Berg Áthos spielte bereits in vorchristlicher Zeit eine wichtige **mythologische Rolle:** So geht sein Name auf einen Riesen zurück, der einen massiven Felsen auf den Meeresgott Poseidon geworfen haben soll. Dieser Fels stürzte ins Meer und ragt noch heute als gewaltiger Berg aus dem Wasser. **Homer** erwähnt ihn bereits in der Ilias und der Geschichtsschreiber **Herodot** (484–425 v. Chr.) berichtet von einem heftigen Sturm, bei dem im Jahr 492 v. Chr. 300 persische Kriegsschiffe mit 20.000 Mann Besatzung Schiffbruch erlitten. Aus diesem Grund ließ Xerxes I. einen Kanal an der Landenge bei Néa Róda (20) graben, um seiner Invasionsflotte die Durchfahrt zu ermöglichen. Ab dem 8. Jh. wird von einer Besiedelung der Berghänge und des Umlands v. a. durch Asketen und Eremiten berichtet. Um 860 kam der georgische Mönch **Euthymius der Jüngere** nach Áthos und etwa hundert Jahre später legte **Athanásios** (genannt „der Athonit") den Grundstein zum Bau der ersten Kirche – im **Hauptort und Verwaltungssitz Kariés** – sowie zur Gründung des **Klosters Megísti Lávra** (Kloster = *moní*) im Südosten der Halbinsel, das bis heute das größte und bedeutendste der Halbinsel ist. Weitere Klöster folgten. Alle genossen in den nächsten Jahrhunderten den Schutz der byzantinischen Kaiser. Entsprechend wuchsen ihr Reichtum und ihre Besitztümer beträchtlich, zeitweise lebten bis zu 15.000 Mönche dort.

Seit dem Jahr 972 hat Áthos eine unabhängige Selbstverwaltung. Im selben Jahr wurden auch die Tipikón genannten Ordensregeln erlassen, die den Mönchen neben der Keuschheit auch eine fleischlose Ernährung und den Verzicht auf Besitztum vorschreiben. Zu Zeiten der **Kreuzzüge** übernahmen kurzzeitig römisch-katholische Oberherren die Kontrolle. Im 14. Jh. zerstörten katalanische Söldner zahlreiche Klöster. Ruhiger wurde es als Serben der Nemanjić-Dynastie und speziell der serbische Kaiser **Stefan Dušan** (1308–1355) die Konvente durch große Spenden unterstützten und damit zu deren Ausbau beitrugen – das **Chilandaríou-Kloster** zeugt noch heute von dieser Blütezeit. Obwohl im 15. Jh. das Byzantinische Reich zerfiel und das **Osmanische Reich** an seine Stelle trat, änderte dies für die Mönche wenig. Die osmanischen Sultane respektierten die Klostergemeinschaften weitgehend; viele von ihnen waren sogar große Wohltäter, die sie mit finanziellen Mitteln und Privilegien unterstützten.

Erst im 19. Jh., als der **griechische Befreiungskampf** erstarkte, wurde auch der Berg Áthos ein Symbol für diesen, weshalb zeitweise die Gefahr bestand, dass die hiesigen Klöster durch osmanische Truppen zerstört würden. Nach dem Ende der osmanischen Herrschaft 1912 und im Zuge der Balkankriege konnte letztlich Griechenland seine Oberherrschaft über die Halbinsel sichern. Seither geht es recht unaufgeregt zu, sieht man von öffentlichen Diskussionen zum **Ávaton** genannten Zutrittsverbot für Frauen ab und der Spaltung der Mönche in solche, die noch eisern dem Tipikón folgen und solche, die es mittlerweile etwas „lockerer" sehen.

Wer die Halbinsel heute besucht, tut dies, wie erwähnt, aus Glaubensgründen und aus Interesse am Leben der Mönche in den durchwegs eindrucksvollen Klöstern. Architektonisch beeindruckend sind sie alle – **keinesfalls verpassen** sollte man jedoch speziell das Moní Ágiou Pávlou, das Moní Docharíou, das Moní Ivíron und das Moní Vatopedíou. Einige davon, wie das Moní Agíou Dionisíou, das Moní Simonópetra oder das Moní Stavronikíta (bis heute ohne Strom), zeichnen sich durch ihre **exponierte Lage** an schroffen Berghängen über dem Meer aus. Alle beherbergen zudem umfangreiche Sammlungen **religiöser Artefakte**, seltener Folianten und antiker Handschriften, aber auch **Kunstwerke** von unschätzbarem historischen Wert.

Wer sich einen Überblick über die seit 1988 zum **UNESCO-Weltkulturerbe** gehörende Halbinsel verschaffen möchte, hat grundsätzlich die Möglichkeit, dies im Rahmen einer Kreuzfahrt zu tun. **Ausflugsboote** starten beispielsweise in **Ouranoúpoli** 17 und weniger regelmäßig in **Órmos Panagiás** 54. Bei diesen Fahrten erkundet man meist nur die **Westküste**, genießt jedoch in der Regel einen reizenden Blick auf zahlreiche Klöster. Die Boote nähern sich dem Ufer maximal 500 m – so ist es vorgeschrieben. Unnötig zu erwähnen, dass solche Fahrten höchstens einen sehr allgemeinen Eindruck vermitteln; für Frauen und all jene, die nur wenig Zeit haben, ist dies aber die einzige Chance, den Heiligen Berg ein Stück weit kennenzulernen. Wesentlich aufschlussreicher ist in der Regel eine **mehrtägige Tour** (s. S. 102).

Übrigens: Egal, ob in den Klöstern oder Skítes, die Mönche sind in aller Regel **gastfreundlich und offen** für den Austausch mit Besuchern. Viele von ihnen sind hochgebildet und haben ein Leben in der säkulären Welt hinter sich. Lediglich die entfernt der Gemeinschaften lebenden Eremiten scheuen bisweilen den Kontakt mit Fremden.

› www.mountathos.org

068mt-dk

Das Kloster Moní Simonópetra thront eindrucksvoll über den Felsen

Diamonitírion – Vorbereitung, Einreise und Ablauf

Wer in die Mönchsrepublik möchte, muss **männlich und Pilger** sein. Eine Einreise aus touristischen Gründen ist explizit untersagt. Während noch vor einigen Jahren nur orthodoxe Gäste zugelassen waren, gibt es heutzutage auch eine tägliche **Quote für zehn nichtorthodoxe Besucher.**

Anträge müssen zunächst telefonisch über das **Pilgerbüro in Thessaloníki** angefragt und dann durch die Zusendung (per Post oder E-Mail) der persönlichen Daten und einer Kopie bzw. eines Scans des Ausweises bestätigt werden. Eine **frühzeitige Anmeldung** (bis zu sechs Monate vorher) mit den entsprechenden Terminwünschen – eine Tour dauert **vier Tage** – ist unbedingt notwendig. Hat man erst einmal die Bestätigung aus Thessaloníki, muss man mit dieser im **Pilgerbüro in Ouranoúpoli** die **Diamonitírion** genannte **Einreiseerlaubnis** (30 €) abholen, entweder einen Tag vor der Abfahrt oder am selben Tag frühmorgens.

Nachdem man die Einreiseformalitäten erledigt hat, nimmt man ab Ouranoúpoli die **Fähre** (einfache Fahrt ab 8 €, Abfahrt tägl. 9.45, Rückfahrt tägl. 12.10 Uhr) zum **Pilgerhafen in Dáfni** [I4] – eine Einreise über Land ist nicht möglich. Ab Dáfni macht man sich **zu Fuß oder per Minibus** (in Form eines geländegängigen Unimogs, Fahrpreis ab 5 €) auf den Weg zu den Klöstern. Das Wegenetz ist weitläufig und führt auch auf den **Gipfel des Áthos** [J5], auf dem sogar eine Übernachtung möglich ist. Jedoch sind gutes Schuhwerk, Regenschutz und ausreichend Trinkwasser notwendig. Für die Verpflegung sorgen **Lebensmittelläden in Kariés** [I–J4] **und Dáfni.**

Eine Reise nach Áthos umfasst immer **drei Übernachtungen,** um die man sich im Vorfeld selbst kümmern muss. In allen Klöstern stehen **Pilgerunterkünfte** zur Verfügung, die man am besten nach der Bestätigung des Pilgerbüros in Thessaloníki sofort per E-Mail anfragen sollte. Der Preis für das Diamonitírion umfasst bereits die Übernachtungen, doch sind zusätzliche Spenden – am besten im Kuvert auf dem Bett hinterlassen – in den Klöstern gerne gesehen. Als Alternative zu den Klosterunterkünften gibt es im **Hauptort Kariés** auch ein einfaches **Hotel** mit angeschlossenem **Restaurant.**

› **Mount Athos Lines:** Fähren Ouranoúpoli – Dáfni, Fahrplan s. https://ouranoupoli.gr/ferry-boats-to-mount-athos

› **Liste von Pilgerunterkünften:** www.agioritikiestia.gr/en/visit-mount-athos

212 Holy Executive Of The Holy Mount Athos (Pilgrims' Bureau), O. Egnatía 109, 54622 Thessaloníki, www.agioritikiestia.gr/en, Tel. +302310252578, E-Mail: athosreservation@gmail.com, Mo–Sa 9–16 Uhr

213 Áthos Pilgrims' Office (Grafío Proskinitón), an der Hauptstraße im Norden des Ortes, Ouranoúpoli, Tel. 2377071421, Mo–Fr 5.30–13, Sa 6.30–13, So 8–13 Uhr

214 Hotel und Restaurant Áthos €, am Hauptplatz, Kariés, Tel. 2377024114. Kleine und große Speisen, die auch erschöpften Wanderern wieder auf die Beine helfen.

CHALKIDIKÍ AKTIV

Die Region Chalkidikí ist ein Eldorado für Fans von Outdoor-Aktivitäten, wobei natürlich zunächst sämtliche Formen des Wassersports angeboten werden. Die Infrastruktur ist hervorragend, wenngleich es große Unterschiede zwischen den einzelnen Orten gibt. Aber auch zu Lande wird es nicht langweilig: So locken reizvolle Wanderareale und auch Rad- bzw. Mountainbike-Fahrer finden traumhafte Strecken vor.

Nur bei **Schlechtwetter** ist das Angebot entlang der Küste recht bescheiden, wenn auch hier und da Museen interessante Einblicke in die Vergangenheit oder das Brauchtum geben – mehr Möglichkeiten zur Betätigung hat man dann freilich in Thessaloníki (s. S. 18).

Baden und Wassersport

Baden und Schwimmen

Mit mehr als **550 km Küstenlinie** und einem Überangebot an **Stränden** ist das Baden und Schwimmen ohne Frage der beliebteste Zeitvertreib in der Region Chalkidikí. Die **Qualität** des meist kristallklaren Wassers ist beinahe überall hervorragend – knapp 90 Strandabschnitte sind mit der **Blauen Flagge** ausgezeichnet (www.blueflag.gr). Die Küsten sind vorwiegend durch feinen Sand, hin und wieder Kiesel und vereinzelt durch Felsen gekennzeichnet. An fast allen Stränden geht es **flach** ins Wasser, sie sind also auch gut für **Familien mit Kindern** geeignet.

Die **Wassertemperaturen** steigen ab April langsam, erreichen aber meist erst Mitte Mai badefreundliche 20 °C, doch dafür ist auch der Oktober durchaus noch zum Schwimmen geeignet.

Grundsätzlich unterscheidet man zwischen ausgesprochenen **Badeorten** wie Síviri 32, Chanióti 39, Nikíti 44 oder Sárti 52, wo die Infrastruktur zumeist vorbildlich ist, und **abgelegeneren Buchten**, die häufig nur in der Hauptsaison bewirtschaftet werden. Zu Letzteren zählen etwa die Badeabschnitte südlich von Nikíti (s. S. 80) oder nördlich von Sárti (s. S. 93). Zur **Infrastruktur** in den Badeorten zählen Strandbars und Tavernen, Liegestuhl- und Sonnenschirmvermietung, oft Beachvolleyballfelder und ähnliche Anlagen, aber auch Rettungsschwimmer und Notfallstationen.

◁ Vorseite: Ein Stehpaddler am Karídi Beach bei Vourvouroú 53

098mt©Daniel Turbasa, stock.adobe.com

073mt-dk

Der **Zugang** zum Meer ist überall **kostenfrei** möglich – so schreibt es die griechische Gesetzgebung vor. Nur in wenigen Fällen sind Uferbereiche einzelnen Hotelanlagen oder Campingarealen vorbehalten, die dann z. B. die Zufahrt mit dem Fahrzeug regulieren.

Zwar gibt es an den meisten Stränden **Parkmöglichkeiten** – in vielen Fällen sogar kostenlos –, doch kann es gerade in den Monaten Juni bis August örtlich sehr voll werden. Dann muss man das Auto in der Regel etwas entfernt abstellen und einen **Fußmarsch** in Kauf nehmen. Vorsicht geboten ist entlang der Land- und Hauptverkehrsstraßen, denn hier ist das Parken häufig verboten.

Größere Gefahren im Wasser lauern nicht, sieht man von **Seeigeln** und im Spätsommer auch von **Quallen** ab.

Wer **FKK** bevorzugt, findet an manchen Stränden Abschnitte, die zwar nicht per se als Nudistenzonen ausgezeichnet sind, wo aber das Nacktbaden toleriert wird. Zu den wichtigsten gehören z. B. Bereiche des Ágios Mámas Beach [D4] nördlich von Néa Potídea 29, der südliche Abschnitt des Vóthonas Beach [D–E5] südlich von Néa Fókea 42, der Prassoú Beach bei Skála Sikiás 51 und der Kavourótripes Beach nördlich von Sárti.

Wind- und Kitesurfen, Segeln und Bootfahren

An vielen Strandabschnitten an den Küsten Chalkidikís ist Wassersport möglich, etwa in Form von **Wasser- und Jetski, Wakeboarden, Stand-up-Paddeln (SUP)** oder im Rahmen einer Fahrt mit dem **Seekajak** oder einem einfachen **Tretboot.**

Lust auf Piratenfeeling? Vielerorts sind Touren mit Karavellen möglich, wie hier in Thessaloníki (s. S. 21).

Vom Meer umspült: Das Kap von Posídi 34 verspricht Badefreuden

Besonders hervorzuheben sind außerdem die **Motorboote**, die man **ohne Führerschein** fahren darf und mit denen man z. B. ab Ouranoúpoli 17 zu den Dreniá-Inseln [H4] und nach Ammoulianí 19 oder ab Órmos Panagiás 54 und ab Vourvouroú 53 auf die vorgelagerten Inseln schippern kann.

Auch **Segeln** sowie **Wind- und Kitesurfen** ist allseits eine Option, wobei speziell Néa Róda 20, Ierissós 21, Sáni 30, Síviri 32 und Vourvouroú 53 in dieser Hinsicht beliebt sind. An diesen Orten gibt es auch **Segel- und Surfschulen** und man kann das entsprechende Equipment mieten. Wer hingegen nicht selbst das Segel hissen möchte, kann ein **Boot mit Skipper chartern** oder an einer **organisierten Ausflugstour** teilnehmen.

Konkrete **Anbieter** sind im ersten Teil des Buches beim jeweiligen Ort unter „Infos und Reisetipps" empfohlen.

Tauchen und Schnorcheln

An praktisch allen felsigen Küstenabschnitten wird **geschnorchelt**, etwa in Néa Roda 20, Pirgadíkia 27, Kalamítsi 50 und südlich von Órmos Panagiás 54. **Sporttaucher** erkunden die Unterwasserwelten um die Halbinsel **Kassándra** bei Sáni 30, wo ein gesunkenes Schiff namens „Mytilene" liegt, in der Bucht Pórto Valítsa [F7] oder bei Palioúri 37. Rund um **Sithonía** können sie bei Toróni 48 und in Pórto Koufó 49 Tauchgänge unternehmen. Zudem eignen sich viele vorgelagerte Inseln als Tauchrevier, etwa die Dreniá-Inseln, Ammoulianí oder der Archipel vor Vourvouroú 53. Vielerorts findet man eine äußerst **reiche Unterwasserflora und -fauna** vor und es gibt **Höhlen** zu erforschen.

Alle Tauchtouren sollte man nur in Begleitung eines **ortskundigen Profis** unternehmen. Die folgenden **Tauchschulen**, die auch die entsprechende Ausrüstung vermieten, sind empfehlenswert:

S215 Athos Scuba Diving, Paralía Tripití 18, direkt am Strand, www.athos-scuba.gr

Bei Tauchern beliebt: die Bucht von Pórto Valítsa [F7] auf Kassándra

071mt-dk

S216 **Azure Diving Center,** Uferpromenade, Toróni 48, www.azurediving center.com

S217 **SeaVery Water Sports,** Uferpromenade, Síviri 32, https://seavery.gr

S218 **Shark Fin Scuba Diving Center,** in Strandnähe, Ágios Nikólaos 55, www.sharkfin.gr

S219 **Triton Scuba Diving Center,** Hotel Chrousso Village, nordöstlich von Palioúri 37, www.tritonscuba.gr

Radfahren

Das Radfahren erfreut sich auf der Chalkidikí zunehmender Beliebtheit. Sowohl für **gemütliche Radtouren** durch Bilderbuchlandschaften als auch für **sportliches Mountainbiken** auf anspruchsvollen Pisten existieren Strecken. Grundsätzlich ist der Drahtesel entlang zahlreicher Küstenabschnitte und insbesondere auf der recht flachen Halbinsel Kassándra ein optimales Fortbewegungsmittel. In den hügeligen Regionen des zentralen Festlands und entlang des Bergkamms der Sithonía kann das Radfahren indes ziemlich schweißtreibend sein.

Dies gilt auch in **Thessaloníki,** denn durch die vielen Steigungen und den teils recht chaotischen Verkehr macht das Radeln wenig Spaß. Eine Ausnahme stellen Teile der Unteren Altstadt und natürlich die Neue Uferpromenade 4 dar.

Leider ist die **Radinfrastruktur** nur suboptimal ausgebaut: So fehlen oftmals Radwege und ausgewiesene Streckenbeschilderungen. Häufig ist man gezwungen, auf die viel befahrenen **National- und Landstraßen** auszuweichen.

072mt-dk

Für Fans der Pedale: Auf der flachen Neuen Uferpromenade 4 in Thessaloníki ist das Rad eine gute Wahl

Tipps und Ideen für Touren sowie detaillierte Routenbeschreibungen erhält man bei den örtlichen Informationsbüros oder bei den **Radverleihstationen,** die es in vielen Urlaubsorten gibt. Dort kann man in der Regel auch **E-Bikes** mieten.

Wandern

Zwar steht das Wandern auf der Chalkidikí etwas im Schatten von Baden und Wassersport, dennoch schätzen es viele Besucher, die hiesigen Landstriche per pedes zu durchstreifen.

In der **Zentralregion** stehen zunächst im weitläufigen Cholomóndas-Massiv (s. S. 55) schier endlos viele Routen zur Verfügung und auch an der Ostküste um Olimbiáda 23 kommt man auf Schusters Rappen in den Genuss der wunderbaren Natur.

Auf der Halbinsel **Kassándra** gehören die Südwestküste ab Sáni 30, der gesamte Bereich westlich von Paliouri 37 und der als **„Kamelrücken"** (**Kamboúra tis Kamílas**) bekannte Bergkamm zwischen Ágia Paraskeví [E–F7] und Kassandrinó [E6] zu den bekanntesten Wanderregionen.

Auf der Halbinsel **Sithonía** führen mehrere ausgewiesene Routen über den zentralen, bis 817 m hohen Gebirgskamm **Ítamos** [G5–6], dessen Gipfel sich erklimmen lassen. Entlang der Küsten sind v. a. Toróni 48 und Sárti 52 geeignete Ausgangsorte für Erkundungen zu Fuß.

In der **Mönchsrepublik Áthos** (s. S. 98) erreicht man viele der teils abseits gelegenen religiösen Stätten oftmals am ehesten über steinige Pfade zu Fuß, obgleich mittlerweile alle Klöster mit geländegängigen Fahrzeugen angesteuert werden können.

Erwähnenswert ist, dass die meisten Wanderwege außerhalb der großen Ferienzentren liegen, was immer eine **Anfahrt zum Startpunkt** per Bus (oft schwierig), Taxi oder Mietfahrzeug erfordert. Meist sind die Startpunkte gut ausgeschildert, der Rest der Route jedoch nur sehr selten.

Mehr zu möglichen **Wanderrouten** erfährt man in den örtlichen Informationsbüros oder über die Unterkunft. Auch die üblichen Anbieter für Touren wie Komoot oder Outdooractive listen erlebnisreiche Routen in der Region auf ihrer Website bzw. in der jeweiligen App.

Weitere Aktivitäten

Tennis- und andere **Sportplätze** gibt es in beinahe jeder Gemeinde, hin und wieder finden sich auch öffentliche **Schwimmbäder. Wellness-Programme** gibt es in zahlreichen Hotelresorts und speziell in Loutrá 36 an der Westküste der Halbinsel Kassándra, wo ein **Thermalbad** (s. S. 67) für Erholung sorgt. Für hochpreisige Aktivitäten wie **Golf**, **Helikopterflüge** o. Ä. sollte man sich nach Pórto Karrás 47 aufmachen.

Rund um **Loutrá** locken zudem mehr als 35 Routen zum **Klettern, Abseilen und Bouldern**, die von dem Braunschweiger „Gipfelstürmer" Kai Maluck erschlossen wurden und auf dessen Website näher vorgestellt werden. Bis auf 100 Höhenmeter geht es auf präparierten Klettersteigen und so kommt man immer wieder in den Genuss eines grandiosen Fernblicks.

› **Klettersteige Loutrá:** www.kai-maluck.de/loutra.htm

Wer lieber auf dem Rücken eines Pferdes die Landschaft erkunden möchte, findet etwa in Kallithéa 40 und Pórto Karrás **Reitangebote:**

S220 **Ranch Manippos**, Tel. 6945424366, www.ranchmanippos.com, Mitte Mai–Mitte Okt. Reitzentrum, das auch Ausflüge zu Pferde organisiert, darunter Strandausritte (ab 20 €/Person), Sonnenuntergangstouren und für erfahrene Reiter Schwimmen mit Pferden.

S221 **Ziogas Riding Center**, im Norden von Pórto Karrás, Tel. 6999385593, https://horses.gr/en/halkidiki-en, Mai–Ende Sept. Verschieden Touren auf dem Rücken eines Rosses, auch durch die Anlage des Porto Carras Grand Resort und am Strand nach Néos Marmarás 45 (ab 20 €/Person).

074mt-sb

Events, Feste und Folklore

Nach wie vor ist das Brauchtum in Griechenland lebendig und dies gilt auch speziell für Chalkidikí, wo sich lokale Kulturvereine bemühen, Traditionen als Teil des historischen Erbes zu pflegen und zu erhalten. Im Rahmen religiöser und weltlicher Feiern kommt man auch als Besucher in den Genuss regionaler Kultur, oft mit reichlich Tanz und Gesang sowie fast immer mit Essen und Getränken in rauen Mengen. Besonders aufwendig werden vor Ort die Patronatsfeste zelebriert, aber auch moderne Festivals, Kunstevents, Konzerte u. v. m. sind Teil des Veranstaltungskalenders.

Eine brauchbare **Übersicht** findet man auf der folgenden Website:

› www.halkidikitravel.com/de/events-in-chalkidiki/feste-in-chalkidiki

Januar bis Mai

› Am **6. Jan.**, dem **Dreikönigstag (Taufe Christi)**, wird in Galátista 11 das sog. **Kamelfest** gefeiert, ein Brauch mit historischem Bezug, bei dem die Entführung eines christlichen Mädchens durch einen osmanischen Kommissar und deren Befreiung nachgespielt wird. Am Folgetag wird ihre Hochzeit inszeniert.

› Im **Frühjahr** steht die Region im Zeichen des **Karnaváli**, auch **Apokriá** genannt – mit Shows und Straßenumzügen u. a. in Polígiros 10 und Stratóni [G2]. Höhepunkte sind die zwei Wochen vor der Fastenzeit, darunter der vorletzte Donnerstag namens **Tsiknopémpti** („Fleisch-Donnerstag").

› In der ersten **Märzhälfte** wird das **Thessaloniki Documentary Festival** (www.filmfestival.gr) veranstaltet, bei dem internationale Dokumentarfilme gezeigt werden.

› Das griechisch-orthodoxe **Ostern**, auch bekannt als **Páscha**, variiert jährlich, fällt aber nicht auf dieselben Termine wie das katholisch-protestantische Fest. Auch Orthodoxe fasten während der **Megáli Sarakostí** genannten, 40-tägigen Zeitspanne zwischen Rosenmontag (Kathará Deftéra) und dem Samstag vor Ostern. Etwas befremdlich ist vielleicht das Verbrennen der Judas-Figur in Kassandrinó [E6].

› Am **23. April** oder, falls Ostern später stattfindet, am Ostermontag und -dienstag gedenkt man dem **hl. Giórgios.** Feierlichkeiten und Prozessionen gibt es dann an mehreren Orten, berühmt sind z. B. jene in Galátista und Ágios Nikólaos 55 sowie auf der Insel Ammouliani 19.

› Der erste Samstag der **Fastenzeit** wird in Órmos Panagiás 54 mit diversen Festlichkeiten begangen.

› Im **Mai** kommen Feinschmecker während des **Gourmet Festivals** (www.sanigourmet.gr) in Sáni 30 auf ihre Kosten.

› Organisiert von der Imkergenossenschaft und der Jägervereinigung erinnert man am **9. Mai** im Wald etwas abseits von Nikíti 44 an den **hl. Christophorus.**

› Ouranoúpoli 17 und Polígiros gedenken am **21. Mai** dem römischen **Kaiser Konstantin** und seiner Mutter, denn ihnen ist zu verdanken, dass das Christentum zur Staatsreligion wurde.

Juni bis September

› Am **20. Juni** hält Polígiros sein **Patronatsfest** zu Ehren von Nikólaos Orfanós ab.

› Am **23. Juni** werden vielerorts in der Region **Johannesfeuer** angezündet. In Kassandrinó versuchen manche Einheimische, über sie hinwegzuspringen. Am Folgetag lohnt ein Besuch im Frauen-

Vorseite: Mit einem Sundowner den Abend einläuten – hier in Áfitos 41

kloster Ierá Moní Agíou Ioánnou Prodrómou (s. S. 79) bei Metamórfosi 43, wo man auch dem hl. Johannes gedenkt.

- Speziell in Ierissós 21, Nikíti und Néa Fókea 42 werden die Apostel Petrus und Paulus am **29. Juni** mit aufwendigen **Patronatsfesten** gewürdigt.
- Von **Juni bis Sept.** bietet das **Siviri Festival** in Síviri 32 eine Vielzahl von Konzerten mit Tanz, Musik und Folklore.
- Ab **Ende Juni bis Mitte Aug.** findet das bekannte **Sani Festival** (www.sanifestival.gr) im gleichnamigen Ort statt, in dessen Rahmen diverse Künstler aus dem In- und Ausland auftreten.
- Über die Sommermonate hinweg werden fast jedes Wochenende auf der **Freilichtbühne von Kriopigí** [E6] Veranstaltungen geboten. Im **Juli und August** organisiert der Kulturverein von Ouranoúpoli darüber hinaus **Folklore-Shows,** die an das Erbe der Geflüchteten aus Kleinasien erinnern.
- Im Rahmen des **Kirchweihfests** von Olimbiáda 23 am **7. Juli** gibt es nicht nur reichlich Kultur (Theater, Musik u. a.), sondern auch ein zweitägiges **Muschelfest,** bei dem die Spezialität im Übermaß kredenzt wird.
- Im **Juli** werden im Rahmen des **Summer Cinema** (www.filmfestival.gr/en/event/event/1027) an besonderen Orten in Thessaloníki preisgekrönte Filme aus aller Welt gezeigt.
- Das **Vollmondfestival** im **Juli** in Ágios Nikólaos ist eine dreitägige kostenlose Veranstaltung mit Livekonzerten.
- Während der ersten **Julihälfte** feiert man in Néa Moudaniá 14 das **Sardellenfest.**
- **Mitte Juli bis Mitte Aug.** lädt das **Kassándra-Festival** (www.kassandrafestival.gr) in Síviri zu kulturellen Veranstaltungen höchster Qualität ein. Gleichzeitig findet in Áfitos 41 ein **Sommerfestival** mit Musik, Tanz, Folklore, Theater, Ausstellungen u. v. m. statt.
- Am **20. Juli** werden in Polígiros religiöse Feierlichkeiten zu Ehren des **Propheten Elias** organisiert.
- Am **26. Juli** pilgern Gläubige zur Kapelle Agía Paraskeví in Arnéa 26, wo im Rahmen des **Patronatsfests** auch ein Open-Air-Festival für Abwechslung sorgt. Ein überregional bekanntes Fest zu Ehren

Traditionelle Kostüme sind Ehrensache: Ostern im urigen Arnéa 26 der Heiligen Jungfrau wird zudem in Ágios Nikólaos veranstaltet, während in Parthenónas 46 am Folgetag (27. Juli) ein **Kirchweihfest** abgehalten wird.

- Immer am letzten Montag im **Juli** feiert Néa Róda 20 ein weithin bekanntes **Sardinenfest.**
- Am letzten **Juliwochenende** kann man in Varvára [F2] in den Genuss eines **dörflichen Kulturfestivals** kommen.
- An den letzten drei Tagen im **Juli** dreht sich auf dem **Olivenfest** von Ólinthos [D4] alles um das landwirtschaftliche Aushängeschild Griechenlands.
- Um das erste **Augustwochenende** kann man in Néa Skióni 35 beim dortigen **Sardinenfest** drei Tage lang lokale Spezialitäten und Wein probieren.
- Der **14. und 15. Aug.** stehen landesweit im Zeichen von **Mariä Himmelfahrt.** In etlichen Orten finden dann ausgiebige **Kirchweihfeste** statt. In Chalkidikí finden die wichtigsten u. a. in Polígiros, Stratoníki 25, Megáli Panagía [F3], Kalándra [D6–7], Kriopigí, Áfitos und Sárti 52 statt. In Letzterer wird am Strand ein großes **Feuerwerk** entzündet.
- In Galátista erinnert das Dorffest **Kurbáni** am **17. Aug.** an den hl. Agápios.
- Nach Mariä Himmelfahrt begeht man die sogenannten neun Tage der **Panagía,** mit Abschlussfeierlichkeiten samt Musik und Tanz am **22. und 23. Aug.**, u. a. in Néa Michanióna 8, Néa Róda, Kalándra und Kriopigí.
- Spirituell geht es am **29. Aug.** im Frauenkloster Ierá Moní Agíou Ioánnou Prodrómou (s. S. 79) zu, wenn an die **Hinrichtung des hl. Johannes** erinnert wird.
- Am **1. und 2. Sept.** wird in Ágios Mámas [D4] anlässlich des **Patronatsfests** zu Ehren des hl. Mámas einer der größten Jahrmärkte Griechenlands abgehalten.
- Der **8. Sept.** steht v. a. in Néa Moudaniá und in Pirgadíkia 27 im Zeichen der **Geburt der Jungfrau Maria.**
- In Nikíti begeht man am **14. und 15. Sept.** das **Patronatsfest** zu Ehren des hl. Nikítas mit einer sehenswerten Prozession.

Feiertage

- 1. Jan.: **Neujahr** *(Protochroniá)*
- 6. Jan.: **Taufe Christi/Dreikönigstag** *(Theophánia)*
- 25. März: **Griechischer Unabhängigkeitstag von 1821** *(Eortasmós Tis Ellinikís Epanástasis Tou 1821)*
- April/Mai (beweglich): **Karfreitag** *(Megáli Paraskeví),* **Ostersonntag** *(Páscha),* **Ostermontag** *(Deftéra tou Páscha)*
- 1. Mai: **Tag der Arbeit** *(Protomaiá)*
- Mai/Juni (beweglich): **Pfingsten** *(Agíou Pnévmatos/Pentikostí)*
- 15. Aug.: **Mariä Himmelfahrt** *(Kímissi tis Theotókou/ Dekapentávgustos)*
- 28. Okt.: **Nationalfeiertag/Óchi-Tag** *(Epétios tou Óchi)*
- 25. und 26. Dez.: **Weihnachten** *(Christoúgenna)*

Oktober bis Dezember

- Am **26. Okt.** ist der Gedenktag des **hl. Dimítrios,** an dem die Gläubigen in Scharen in die Basilika Ágios Dimítrios in Thessaloníki strömen.
- **Ende Okt./Anf. Nov.** läuft das etwa zweiwöchige **Thessaloniki International Film Festival** (www.filmfestival.gr), in dessen Rahmen griechische, aber auch ausländische Filme präsentiert werden.
- **Anf. Dez.** wird in Stratóni fünf Tage lang der **hl. Varvára** gedacht. Neben religiösen Zeremonien gibt es folkloristische Darbietungen.
- Am **6. Dez.** feiert man in Stratoníki und Stágira sowie in Ágios Nikólaos das **Patronatsfest** zu Ehren des hl. Nikólaos.

- In der **Adventszeit** kommt besonders in Thessaloníki Weihnachtsstimmung auf, u. a. auf der Platía Aristotélous (1) und natürlich in den Kirchen der Stadt.
- Am **27. Dez.** findet in Stratoníki und Stágira ein lebendiges **Kulturfest** mit viel Essen, Wein und Tsípouro, Livemusik und Tanz statt.

Chalkidikí kulinarisch

Zugegeben, die griechische Küche ist auch in Mitteleuropa keine Unbekannte. Üppige Fleischgerichte wie **Biftéki** (Hacksteak), **Keftédes** (Hackfleischbällchen), **Kondosoúvli** (Grillfleisch vom Spieß), **Mousaká** (Hackfleischauflauf mit Aubergine) bzw. **Gíros** (Gyros) oder **Souvláki** kennt man auch vom Griechen zu Hause.

An den Küsten stehen außerdem Gerichte mit **Fisch und Meeresfrüchten** (z. B. Scampi, Calamares, Tintenfisch, Muscheln o. Ä.) auf der Speisekarte, die meistens gebraten oder gegrillt angeboten werden. Als Übersicht ist die **Piatéla Psarión** (Fischplatte) sicher eine gute Idee.

Interessant ist die Tradition der **Mezédes**, die häufig fälschlicherweise als „Vorspeisen" übersetzt werden, jedoch eher kleine Gerichte bezeichnen, die – ähnlich wie die spanischen Tapas – zwischendurch oder zusammen mit **Wein** (s. S. 114), **Oúzo** (Anisschnaps) oder **Tsípouro** serviert werden. Letzterer ist ein zwei- bis dreimal destillierten Tresterbrand, der aus Pressrückständen verschiedener weißer Rebsorten hergestellt wird und typisch für die Region Chalkidikí ist.

Typische *Mezédes* sind z. B. **Antzoúgies** (Anchovis), **Bouyourdí** (zerstoßener Feta-Käse mit Tomaten), **Dolmadákia** (gefüllte Weinblätter), **Fáva** (ein Mus aus gelben Platterbsen), **Kolokithákia Tiganitá** (gebratene Zucchini), **Melitsánes Tiganités** (gebratene Aubergine), **Midopílafo** (Reis mit Meeresfrüchten), **Taramosaláta** (Fischrogencreme), **Gígantes** (Riesenbohnen in Tomatensoße), **Choriátiki** (einfacher griechischer Salat) oder die weltberühmte und suchtverdächtige Knoblauch-Joghurt-Gurken-Creme **Tsatsíki.**

In den Orten der Chalkidikí und speziell in Thessaloníki finden sich außerdem zahlreiche Gerichte aus der

Ein Fest für die Sinne: die Mezédes genannten kleinen Häppchen

076mt-sb

Meine Tipps

Essen mit Aussicht

Wer mit **Meerblick** speisen möchte, hat auf der Chalidikí die Qual der Wahl, denn in praktisch allen hier genannten **Küstenorten** finden sich reichlich Tavernen und Ouzerien direkt am Wasser, in denen das Tzatziki und der Oúzo dank der im Hintergrund rauschenden Brandung gleich noch viel besser schmecken.

Wer **luftigere Höhen** vorzieht, der sollte z. B. hier einkehren:

- **Boukadoúra** (s. S. 82) am Eliá Beach
- **Kreonídis** (s. S. 24) in Thessaloníki
- **Panorama Kalamítsi** (s. S. 90) oberhalb von Kalamítsi 50
- **Théa Thalássa** (s. S. 75) in Áfitos 41
- **Villa Stása** (s. S. 68) in Loutrá 36

Lecker vegetarisch

Fleischlos zu essen, ist in der Region vollkommen unproblematisch, stehen doch fast überall reichlich **vegetarische Mezédes, Salate und Hauptgerichte** in Form von gegrilltem Gemüse oder Eintöpfen auf der Speisekarte. Ausschließlich vegetarische bzw. vegane Lokale finden sich v. a. in **Thessaloníki.** Empfehlenswert ist dieses hier:

223 [S. 144] **rOOTS** €€, O. Balánou 4, Tel. 2310268063, https://roots.restaurant. Hier bekommt man sehr abwechslungsreiche pflanzenbasierte Gerichte – von griechisch über asiatisch bis zu Veggie-Burgern.

Xinómavro – der Rote aus Makedonien

In ganz Griechenland ist Makedonien für seinen Weinbau bekannt. Ca. 7200 ha Rebfläche machen es zur **drittgrößten Anbauregion des Landes,** wobei der begehrte Rebensaft in der Chalkidikí vorwiegend an der Westküste und im Norden der Zentralregion, auf der Halbinsel Sithonía und im Norden der Mönchsrepublik gewonnen wird.

Das berühmteste Erzeugnis ist der rote **Xinómavro,** der sich durch seine hohe Tannindichte und seinen ausgeprägten Säuregehalt auszeichnet. Viele lokale Winzer versuchen sich natürlich auch an Rosé- und Weißweinen. Sehr bekannt ist das Weingut **Domaine Porto Carras** (s. S. 85), das Weine der geschützten Herkunftsbezeichnung **Côtes de Meliton** produziert.

Besonders empfehlenswert ist das **Weingut Ktíma Gerovassilíou** nördlich von Epanomí 9. Neben einer **Führung durch die Kelterei** ist der Besuch des zugehörigen **Weinmuseums** aufschlussreich. Oder man bricht zu einem Spaziergang durch die mit modernen Kunstwerken dekorierten Rebflächen auf. Im **Lokal** mit Terrasse lassen sich die Weine verkosten und Snacks probieren.

★**222 Weingut Ktíma Gerovassilíou,** ca. 3 km nördlich von Epanomí, Tel. 2392044567, www.gerovassiliou.gr, Mo, Do/Fr 10–16, Mi 13–19, Sa/So 10–17 Uhr, am besten vorab telefonisch anfragen, ob geöffnet ist

Küche Kleinasiens und des Schwarzen Meeres, also jene Rezepte, die von den griechischen Flüchtlingen aus Regionen der heutigen Türkei mitgebracht wurden. Dazu zählen u. a. **Bourekákia** (gefüllte Teigstückchen), **Imám Baíldi** (Gemüseauflauf), **Lahanodolmádes** (Krautwickel bzw. Kohlrouladen, gefüllt mit Fleisch und Reis), **Mantí** (gebackene Teigtäschchen mit Fleischfüllung), **Piroskí** (frittierte Teigtaschen mit Kartoffelfüllung) und die populäre **Bougátsa** (gefüllte Blätterteigpastete).

Ebenso gibt es viele typische Süßspeisen wie **Baklavás** (in Honig eingelegtes, mit Pistazien und Nüssen gefülltes Blätterteiggebäck), **Kadaífi** (ähnlich wie Baklavás, aber in Teigfäden eingewickelt), **Loukoumádes** (frittierte Hefeteigbällchen) oder **Chalvás** (süße Sesampaste).

Dann mal los ins nächste Lokal! Aber Vorsicht: Wer in Griechenland essen gehen möchte, der hat die Qual der Wahl zwischen **Estiatório** (einfaches Speiselokal, in dem Tagesgerichte zubereitet werden, die man warm – aber selten heiß – von der Theke bekommt), **Tavérna** (einfache Taverne, die **Psarotavérna** genannt wird, wenn es dort Fisch gibt), **Psistariá** (Grillrestaurant), **Souvlatsídiko** (Imbisslokal, in dem Gíros und Souvláki auf der Karte stehen) oder **Ouzerí** bzw. Ouzerie (in der *Mezédes,* aber meist keine Hauptgerichte zum Oúzo serviert werden). Übrigens: **Bars** haben nichts mit einer Nachtbar zu tun, sondern sind familienfreundliche Lokale, wo u.a. auch Alkohol ausgeschenkt wird.

Es ist unüblich, *sto germanikó típo* („auf deutsche Art") zu bezahlen, also getrennt. Das **Trinkgeld** lässt man in der Regel einfach auf dem Tisch liegen und es sollte etwa 5 % des Rechnungsbetrags ausmachen.

Das **Leitungswasser** ist in der Region Chalkidikí gesundheitlich unbedenklich. Abgesehen von Imbissständen bekommt man in den allermeisten Lokalen ungefragt ein Glas oder eine Karaffe desselben zur Bestellung dazu.

In Griechenland gilt seit 2010 ein generelles **Rauchverbot** in geschlossenen Räumen, die öffentlich zugänglich sind, und in solchen, in denen Getränke und Speisen serviert werden. Dazu gehören Gastbetriebe, Museen, Taxis, Fähren usw.

077mt-sb

Erfrischender Frappé ist typisch für Thessaloníki und die Region Chalkidikí

KURZ & KNAPP

Frappé & Co: kleines griechisches Kaffee-ABC

Natürlich bekommt man in praktisch jedem Café auch die üblichen, weltweit verbreiteten Varianten wie **Espresso, Cappuccino und Latte Macchiato.** Zu den weit beliebteren gehören jedoch der angeblich in Thessaloníki erfundene *frappé* (kalt aufgeschäumter Instantkaffee mit Eiswürfeln), den es wahlweise mit oder ohne Milch gibt, aber auch der *freddo espresso* bzw. *freddo cappuccino* (jeweils mit Eiswürfeln). Wer es noch „einheimischer" mag, der kann einen *ellinikós kafés* probieren, einen ungefiltert aufgekochten Mokka. Aber Vorsicht, in der Tasse befindet sich auch der Kaffeesatz, den man nicht mittrinken sollte.

Bei vielen dieser Kaffeearten muss man im Vorfeld dazusagen, ob man sie *skéto* (ohne Zucker), *métrio* (mittelsüß) oder *glikó* (sehr süß) möchte. Wer **Filterkaffee** bevorzugt, bestellt einen *gallikós kafés,* **entkoffeinierter Kaffee** heißt *kafés dekafeiné.*

Stöbern und Shoppen in Chalkidikí

Die Chalkidikí bietet eine Vielzahl an Shoppingfreuden. Da sind zunächst lukullische Verführungen in Form von **regionalen Produkten** wie Oliven und das daraus gewonnene kaltgepresste Öl (hier meist als **Agouréleo,** also aus würzigen, grünen Oliven hergestellt), Gewürze, Nüsse, Fleisch- und Wurstwaren, Oúzo, Wein und der für die Region so typische **Tsípouro.** In ganz Griechenland berühmt ist außerdem der lokale **Honig** (s. S. 117), den man häufig direkt vom Erzeuger bekommt.

Daneben gibt es **traditionelles Kunsthandwerk** wie Schnitzereien, Schmuck, Musikinstrumente (z. B. die Bouzoúki genannte Schalenhalslaute) und Keramik. Aus der Mönchsrepublik Áthos (s. S. 98) stammen **Devotionalien** wie Ikonen, Kruzifixe, die Kombolí genannten rosenkranzartigen Perlenkettchen und andere Glücksbringer, Weihrauch, Kerzen u. v. m.

Individuelle **Geschäfte und Boutiquen** für einen **Einkaufsbummel** gibt es etwa in der Unteren Altstadt Thessaloníkis, in Ouranoúpoli 17, Áfitos 41, Nikíti 44, Néos Marmarás 45 und im Resort von Sáni 30, in den typischen Strandorten sind sie eher selten anzutreffen.

Selbstversorger finden in praktisch allen Orten **Minimärkte** mit den wichtigsten Produkten. In größeren Ortschaften – meist etwas außerhalb des Zentrums bzw. entlang der Hauptverkehrsstraßen – gibt es auch **Supermärkte.**

Ausgewählte **Adressen** stehen bei den Ortsbeschreibungen im ersten Teil des Buches unter „Einkaufen".

Laïkí agorá – regionale Erzeugermärkte

Die beste Adresse für **lokale gastronomische Produkte** sind die *laïkí agorá* genannten Erzeugermärkte, die in allen größeren Orten an verschiedenen Tagen meist zwischen 7 und 14 Uhr stattfinden. Neben Bau-

⊡ *Hochwertiges griechisches Olivenöl ist das perfekte Mitbringsel*

079mt-sb

ern und Fischern finden sich auch immer Verkäufer von Haushaltswaren und Küchenutensilien, Blumen und Topfpflanzen, aber auch Kleidung, Kinderspielzeug und allerlei mehr oder weniger Brauchbarem. In der Regel finden diese Märkte etwas **außerhalb des Ortskerns** statt. Die wichtigsten sind:

- **Montag:** Néa Fókea 42
- **Dienstag:** Néa Kallikrátia 13, Ierissós 21, Kassandría 31
- **Mittwoch:** Galátista 11, Néa Moudaniá 14, Arnéa 26, Megáli Panagía [F3]
- **Donnerstag:** Néos Marmarás 45, Ágios Nikólaos 55
- **Freitag:** Nikíti 44
- **Samstag:** Polígiros 10, Paleochóri [F2], Sikiá [H6]

081mt-dk

Die Wochenmärkte sind ideal für Selbstversorger. Hier bekommt man Frisches direkt vom Erzeuger.

MEIN TIPP

Nektar der Götter – Honig aus der Region Chalkidikí

Die Chalkidikí kann getrost als **„Mutterland" der griechischen Bienenzucht** bezeichnet werden, immerhin hat sie hier eine jahrtausendealte Tradition. Bereits den antiken Hellenen war der Honig als Lebenselixier äußerst wichtig: So finden sich zahllose Abhandlungen darüber, selbst von Aristoteles (s. S. 32), der den „Götternektar" nicht nur wegen seiner Nährwerte lobte.

Heutzutage gibt es in der Region mehr als 6500 Imker, die jährlich bis zu 2000 Tonnen hochwertigen Honig herstellen – dies macht knapp 35 % der gesamten nationalen Produktion aus. Überall entdeckt man bunte Bienenstöcke auf freien Flächen oder in den Bäumen. Neben klassischem Honig kann man den äußerst nahrhaften Kiefernhonig, aber auch besondere Sorten wie Orangenblüten- oder Thymianhonig erstehen, außerdem Nebenprodukte wie **Pollen, Propolis und Bienenwachs** (auch in Form von Kerzen).

Wer Interesse an der erstaunlichen Welt der Bienen hat und sich selbst einmal in der Imkerei versuchen möchte, kann über Passion Honey einen **„Bee Day" genannten Schnuppertag** buchen – ein einmaliges Erlebnis für kleine und große Freunde der gestreiften Brummer! Der Honig hier hat Bioqualität.

★**224 Passion Honey**, an der Landstraße Polígiros 10 – Cholomóndas, Tel. 6973308782, https://passionhoney.gr, ab 45 €, erm. 25 €, Reservierung notwendig

Von den Anfängen bis zur Gegenwart

Die Siedlungsgeschichte der Region Chalkidikí reicht bis in die Altsteinzeit zurück. So entdeckte man u. a. in der Tropfsteinhöhle von Petrálona 12 einen menschlichen Schädel, dessen Alter auf 160.000 bis 240.000 Jahre geschätzt wird. Die großflächige Besiedelung fand dann wohl ausgehend von der Jungsteinzeit (ab ca. 3000 v. Chr.) bis in die Bronzezeit statt. Zu den Siedlern zählten indogermanische Stämme wie die Achaier, Ionier und Dorer. Ab etwa 1000 v. Chr. entstanden die ersten Königreiche und 200 Jahre später die Polis genannten Stadtstaaten.

Vorchristliche und römische Zeit

ab 800 v. Chr. Siedler aus Euböa – darunter aus der Stadt Chalkís, von der Chalkidikí ihren Namen erhält – verdrängen hier ansässige Völker. Städte wie Méndi (s. S. 65) und Toróne (heute Toróni 48) werden zu wichtigen Handelszentren.

um 600 v. Chr. Korinther und Siedler von den Kykladen gründen Städte in der Region, z. B. Potídea 29 oder das antike Ákanthos 22.

ab 6. Jh. v. Chr. Die Hafenstädte der Chalkidikí werden durch den Handel mit Silber reich. Das Reich der Perser expandiert.

492–479 v. Chr. Während der Perserkriege baut Großkönig Xerxes I. (519–465 v. Chr.) bei Tripití 18 einen Kanal, nachdem seine Flotte bei der Umfahrung des Áthos durch einen Sturm vernichtet wurde.

431–404 v. Chr. Im Peloponnesischen Krieg stehen die Städte Chalkidikís zunächst auf der Seite Athens, doch verlassen zuerst Potídea und dann das erstarkte Ólinthos sowie das antike Stágira 24 den Attischen Seebund und organisieren sich ab 426 v. Chr. im Chalkidischen Bund, der aber später in ein Bündnis mit Sparta gedrängt wird. Sparta geht als Sieger aus dem Konflikt hervor, allerdings nur durch die Unterstützung der eigentlich verfeindeten Perser.

ab 4. Jh. v. Chr. Der Chalkidische Bund wächst zu einer Regionalmacht, die zunehmend zum Konkurrenten des aus Pélla regierten Makedonien wird. Es kommt zu bewaffneten Konflikten.

384 v. Chr. Aristoteles (s. S. 32) wird im antiken Stágira geboren.

ab 359 v. Chr. Unter dem makedonischen König Philipp II. (382–336 v. Chr.) kommt es zum Krieg, bei dem der Chalkidische Bund bei Athen Unterstützung sucht. Die überlegenen Makedonier machen aus Rache zahlreiche Städte dem Erdboden gleich und annektieren die Chalkidikí.

ab 336 v. Chr. Philipps Sohn Alexander der Große (356–323 v. Chr.) startet seinen Feldzug und macht Makedonien zeitweise zu einem gewaltigen Weltreich, das sich von Ägypten bis über den Indus im heutigen Pakistan sowie nach Samarkand im heutigen Usbekistan ausdehnt.

ab 323 v. Chr. Nach Alexanders Tod zerfällt sein mächtiges Imperium in drei Reiche in Nordostafrika, auf dem Südbalkan und in der Levante. Zahlreiche Feldherren versuchen die Macht zu erhalten, darunter auch Kassander (350–297 v. Chr.), unter dem einige Städte neu errichtet – z. B. 315 v. Chr. Thessaloníki – oder wieder aufgebaut werden.

215–148 v. Chr. Infolge der Makedonischen Kriege übernehmen die Römer die Herrschaft über die gesamte Region, dies führt zum Ende des Hellenismus. Thessaloníki wird zur Hauptstadt der römischen Provinz Macedonia.

082mt-dk

41 v. Chr. Thessaloníki wird unter Marcus Antonius zur freien Stadt und entwickelt sich zu einem der wichtigsten Handelszentren des Römischen Reiches.

50 n. Chr. Der Apostel Paulus predigt in Thessaloníki und macht die Stadt zu einem Zentrum des frühen Christentums.

ca. 300 Kaiser Galerius erklärt Thessaloníki zu einer der Kaiserresidenzen des Römischen Reiches und schenkt ihr zahlreiche Bauwerke.

325 Durch die Hinrichtung des Mitkaisers Licinius wird Konstantin I. zum Alleinherrscher des Römischen Reiches. Fünf Jahre später wird Byzanz zur Hauptstadt des Reiches und in Konstantinopel umbenannt.

380 Kaiser Theodosius I. macht das Christentum zur Staatsreligion.

395 Nach der Reichsteilung wird Thessaloníki nach Konstantinopel zur zweitgrößten Stadt des Oströmischen Reiches.

Byzantinische Zeit und Mittelalter

ab 6. Jh. Awaren und slawische Völker greifen von Norden aus Makedonien an, während vom Meer her Überfälle durch meist orientalische Piraten zunehmen. Die Bewohner der Chalkidikí gründen Dörfer an den Berghängen, abseits der Küste.

9. Jh. Die Region erfährt eine längere Phase des Friedens und wird zum Zentrum der orthodoxen Christianisierung, v. a. dank Kyrill (826–869) und Method (815–885), die beide in Thessaloníki geboren sind und das glagolitische Alphabet zur Schreibung des Kirchenslawischen kreieren.

ab 956 Die ersten Mönche und Einsiedler siedeln auf der Halbinsel um den heiligen Berg Áthos (s. S. 98). Die byzantinischen Kaiser unterstützen die Gründung von Klöstern.

ab 11. Jh. Durch das sog. Schisma kommt es 1054 zum Bruch zwischen der in Konstantinopel zentrierten Ostkirche und der in Rom ansässigen Westkirche.

ab 1204 Im Zuge des Vierten Kreuzzugs fallen Konstantinopel und Makedonien zunächst an den Markgrafen von Montferrat, Bonifatius I., dann an die sog. Despoten von Epiros als byzantinische Gegenkaiser, bis der bulgarische Zar Iwan Assen II. einmarschiert.

ab 1246 Die Region wird wieder dem Byzantinischen Reich eingegliedert und in puncto Kunst, Wissenschaft und Architektur beginnt eine Blütezeit.

Historische Relikte finden sich an vielen Orten, etwa hier in Skála Sikiás (51) *auf der Halbinsel Sithonía*

1308–1403 erneute Wirren, zuerst eine Belagerung durch die Katalanen, dann ein Aufstand der Zeloten 1342–1349, der Einfall der Serben ab 1347 und deren Besetzung der Chalkidikí unter König Stefan Dušan (1308–1355) sowie kurze türkische Phasen 1387–1391 und 1394–1403

1403–1423 Nochmals übernehmen die Byzantiner kurzzeitig die Macht.

bis 1430 Angesichts der wachsenden Gefahr einer neuen osmanischen Belagerung verkaufen die Byzantiner Thessaloníki an das Königreich Venetien, das die Verteidigungswälle ausbaut.

Osmanische Epoche und Neuzeit

1430 Sultan Murad II. erobert die Chalkidikí und Thessaloníki, das fortan Selânik genannt wird, und verleibt sie dem Osmanischen Reich ein.

1453 Mit der Eroberung von Konstantinopel durch die Osmanen findet das Byzantinische Reich sein endgültiges Ende.

ab 1492 Infolge des Alhambra-Edikts flüchten dank der expliziten Einladung durch Sultan Bayezid II. mehr als 20.000 Juden aus Spanien nach Thessaloníki.

ab 1520 Die Mehrheit des 30.000 Einwohner zählenden Thessaloníki sind jüdischen Glaubens – das Ladino genannte Judenspanisch entwickelt sich zur Umgangssprache.

17. Jh. Selânik ist das wichtigste Handelszentrum des Balkans.

ab ca. 1650 In der zentralen Chalkidikí werden die sog. Mademochória gegründet, also selbstverwaltete Silber- und Bleiminengemeinden.

1821–1830 Im Süden Griechenlands bricht ein Aufstand gegen die Osmanen aus, das Königreich Griechenland wird ausgerufen. Der Befreiungskampf im Norden wird jedoch durch osmanische Truppen brutal niedergeschlagen, viele Dörfer der Chalkidikí werden niedergebrannt.

1908/1909 Die Jungtürkische Revolution nimmt von Selânik aus ihren Anfang. Das Osmanische Reich ist stark geschwächt.

Religiöse Legenden sind allgegenwärtig, beispielsweise in der Wallfahrtskirche Panagía Faneroméni bei Néa Skióni 35 *auf der Kassándra*

083mt-sb

Der Bevölkerungsaustausch zwischen Griechenland und der Türkei

Ein Ereignis, das in der gesamten Region weitreichende Folgen hatte und von dem ein Großteil der örtlichen Einwohner betroffen war, ist der sog. Bevölkerungsaustausch. Darunter versteht man die 1923 stattgefundene Zwangsumsiedlung von meist griechisch-orthodoxen Bürgern des ehemaligen Osmanischen Reiches nach Griechenland sowie der muslimischen Einwohner Griechenlands in die Türkei.

Das Abkommen zwischen Griechenland und der Türkei war eine Antwort auf die Wirren, die mit den Balkankriegen (1912 und 1913), dem Ersten Weltkrieg (1914–18) und dem endgültigen Zusammenbruch des Osmanischen Reiches (1922) einhergingen.

Mit dem am 30. Januar 1923 in Lausanne unterzeichneten Abkommen sollte eine vertragliche Grundlage für den auf Griechisch „Antallagí“ und auf Türkisch „Mübâdele“ genannten Bevölkerungsaustausch geschaffen werden, damit die geordnete Abwicklung, aber auch die Frage der Staatsbürgerschaft bzw. deren Wechsel einfacher vonstattenging.

Das Kriterium dafür, wer seine Heimat verlassen musste, und wer bleiben durfte, war übrigens nicht die Ethnie oder Sprache, sondern einzig und allein die Religion. Christen kamen nach Griechenland (darunter auch Armenier) und Muslime in die Türkei. Laut Schätzungen betraf dies rund 500.000 Muslime und etwa 1,2 Mio. Christen, zu denen aber noch weitere 900.000 Flüchtlinge gezählt werden müssen, die bereits im Herbst 1922 vertrieben wurden.

In der Geschichtsschreibung beider Länder trägt dieses Kapitel stark nationalistische Züge und konzentriert sich meist nur auf die eigene Perspektive. So wird es in Griechenland als Teil der sog. Kleinasiatischen Katastrophe angesehen. Beide Seiten vergessen dabei aber oft, dass durch den Bevölkerungsaustausch in beiden Ländern ein kolossal reiches multikulturelles Erbe zunichtegemacht wurde.

Tausende Zwangsmigranten aus Kleinasien sowie sog. Pontosgriechen – sie stammen aus der Schwarzmeerregion – wurden u. a. in Thessaloníki und der Chalkidikí angesiedelt und brachten aus der alten Heimat eine eigene Kultur mitsamt ihren gastronomischen Spezialitäten, Tänzen, Trachten, ihrem Dialekt u. v. m. mit. Alle Orte, die in ihrem Namen Néa oder Néos – also „neu“ – beinhalten (aber auch viele andere), gehen auf Gründungen durch Flüchtlinge zurück. Viele Nachkommen zeigen sich nach wie vor stolz auf ihre Herkunft, weshalb es zahlreiche Kulturvereine gibt, die das Erbe der alten Heimat bewahren.

Ein Wandgemälde erinnert an jene Geflüchtete, die sich nach 1923 in der Region Chalkidikí ansiedelten

089mt-dk

084mt-dk

Jüngere Geschichte

1912 Erster Balkankrieg – Bulgarien, Griechenland, Montenegro und Serbien erklären dem Osmanischen Reich den Krieg.

1913 Zweiter Balkankrieg – Griechenland, Montenegro, Rumänien, Serbien und das Osmanische Reich erklären Bulgarien den Krieg. Im Frieden von Bukarest werden Thessaloníki und die Chalkidikí Griechenland zugesprochen.

1914–1918 Im Ersten Weltkrieg sind 300.000 alliierte Truppen in Thessaloníki stationiert, die den Truppen der Mittelmächte (Bulgarien, Deutschland, Osmanisches Reich und Österreich-Ungarn) die Stirn bieten sollen.

1919–1922 Im Griechisch-Türkischen Krieg erfährt Griechenland eine herbe Niederlage. Im Vertrag von Lausanne wird der Bevölkerungsaustausch (s. S. 121) vereinbart.

1931 Knapp 65.000 Juden leben in Thessaloníki.

1932 Ein Erdbeben der Stärke 7,1 ereignet sich im Nordosten der Chalkidikí, von dem v. a. Ierissós 21 und die Ostküste stark betroffen sind. Mehr als 300 Menschen sterben.

1941–1943 Deutsche Truppen besetzen Griechenland, verüben Kriegsverbrechen und deportieren nahezu alle Thessaloniker Juden ins KZ Auschwitz-Birkenau. Widerstandsgruppen bilden sich, die einen erbitterten Partisanenkrieg gegen die Besatzer führen.

ab 1949 Nach dem Griechischen Bürgerkrieg (1946–1949) beginnt der Wiederaufbau. In den 1950er-Jahren wird zunächst die Industrie in Thessaloníki ausgebaut, ab den 1960er-Jahren wird auch der Tourismus auf der Chalkidikí immer wichtiger.

1978 Ein Erdbeben der Stärke 6,6 erschüttert Thessaloníki. Es gibt 50 Todesopfer und zahlreiche Sachschäden.

ab 1988 Viele byzantinische Gebäude Thessaloníkis werden in die Liste des UNESCO-Weltkulturerbes aufgenommen.

1997 Thessaloníki ist Europäische Kulturhauptstadt. In diesem Geiste werden mehrere neue Museen eröffnet.

ab 2010 Im Zuge der Schuldenkrise wird im ganzen Land eine drakonische Sparpolitik gefahren.

ab 2020 Durch die Corona- und Energiekrise wird ganz Griechenland erneut schwer in Mitleidenschaft gezogen.

2023 Bei der Parlamentswahl erreicht die liberal-konservative Néa Dimokratía unter Kyriakos Mitsotakis die absolute Mehrheit.

Gelebter Patriotismus: Viele Griechinnen und Griechen sind stolz auf ihr Land

086mt-sb

Praktische Reisetipps

An- und Rückreise

Thessaloníki ist das **zentrale Drehkreuz Nordgriechenlands** und auch das Tor in die Region Chalkidikí. Hier laufen große Autobahnstränge zusammen, der Flughafen ist einer der größten des Landes und auch im Zugverkehr ist Thessaloníki ein unumgänglicher Knotenpunkt.

Mit dem Flugzeug

Diverse **Fluggesellschaften**, darunter zahlreiche Low-Budget-Airlines, verbinden Thessaloníki mit Städten in Deutschland, Österreich und der Schweiz, wenn auch teilweise nur saisonal. Außerdem existieren Verbindungen mit Umstieg. Ab Frankfurt dauert der Flug 2½ Std., ab Wien ca. 1 Std. 45 Min.

Der **Thessaloniki Airport Makedonia (SKG)** [B2] liegt etwa 13 km südlich des Stadtzentrums in Thérmi und ist über die Autobahn A 25 mit der Stadt verbunden. Die **Buslinie 01X/01N** verkehrt im halbstündigen Takt und bringt einen in die Innenstadt (Fahrpreis 1,80 €). Direkte Busverbindungen zu den Orten der Region Chalkidikí gibt es nicht, sondern man muss zunächst mit den Buslinien 79A oder 79B bis zum **KTEL-Chalkidikí-Busbahnhof** (s. S. 125) fahren (Fahrpreis 0,90 €) und dort in die entsprechende Linie zum gewünschten Ort umsteigen (Preis ca. 9–13 €). Eine **Taxifahrt vom Flughafen in die Stadt** (max. 30 Min.) oder umgekehrt sollte nicht mehr als 25 bis 35 € kosten. Wer sich hingegen in einen **Urlaubsort auf der Chalkidikí** chauffieren lassen möchte, zahlt je nach Entfernung zwischen 90 und 130 € (Dauer 50–120 Min.).

> **Website des Flughafens:** www.skg-airport.gr

☒ Vorseite: Im kleinen Küstenort Stratóni [G2] an der Ostküste Chalkidikís geht es gemächlich zu

Mit dem Auto

Grundsätzlich ist es zwar möglich, die Region mit dem **eigenen Fahrzeug** zu erreichen, doch bei einer Fahrtzeit von z. B. knapp 20 Std. ab Frankfurt am Main ist dies nur dann sinnvoll, wenn man seinen Besuch mit einer Reise durch Griechenland und/oder seine Nachbarländer verbindet.

Wer mit dem eigenen Pkw, Motorrad, Minivan, Camper oder Wohnwagen anreist, kommt an **Thessaloníki** nicht vorbei. Dort kreuzen sich die zwei großen **Autobahnen** des Landes: die A1, die den Norden mit dem Süden des Landes verbindet, und die A2, die Griechenland von der türkischen Grenze im Osten bis zur Westküste durchquert. Diese Autobahnen sind **gebührenpflichtig** – an **Mautstationen** ist in bar oder per Girocard, Debit- bzw. Kreditkarte zu bezahlen – und man erreicht sie über die um die Stadt verlaufende **Ringautobahn.**

Südlich von Thessaloníki führen die Nationalstraßen 16 und 24 mautfrei zu diversen Orten auf der Halbinsel Chalkidikí. Alternativ bietet sich die Nordroute über die angesprochene Autobahn A2 oder die parallel verlaufende Nationalstraße 2 entlang der Seen Korónia [B–C1] und Vólvi [D–E1] bis Stavrós [F1] und dann an die **Ostküste** nach Olimbiáda (23) an.

Ab **Österreich** hat man die Möglichkeit, über Slowenien und Kroatien oder wahlweise über Ungarn bis Belgrad zu fahren. Ab dort geht es über Niš und Skopje in Richtung griechi-

087mt-dk

sche Grenze und dort auf die besagte Autobahn A1. **Schweizer** reisen ebenfalls via Österreich an.

Bei der **Rückfahrt** sollte man unbedingt vermeiden, durch den **Kosovo** nach Serbien zu fahren, da dies unter Umständen bei der Ausreise Probleme bereiten kann (Serbien erkennt den Kosovo nicht an).

Mit der Bahn

Die Anreise per Bahn ist **nur bis Thessaloníki** möglich. Am **Hauptbahnhof**, der sich rund 1,5 km nordwestlich der Unteren Altstadt befindet, starten und enden alle nationalen und internationalen Fernzüge. Die **Fahrkarten** werden automatisch mit einer **Sitzplatzreservierung** ausgestellt und sind entsprechend nur für den gebuchten Zug gültig. Deswegen ist es gerade während der Hochsaison ratsam, möglichst früh zu buchen.

•**225 Hauptbahnhof von Thessaloníki,** O. Monastiríou 28, www.hellenictrain.gr, Fahrplanauskunft und Infos unter Tel. 14511 (tägl. 6–23 Uhr)

Der Flughafen von Thessaloníki bildet das Tor zur Region

Mit dem Bus

Thessaloníki unterhält direkte Busverbindungen zu allen größeren Städten Griechenlands, aber auch zu umliegenden Ländern wie Albanien, Bulgarien, Nordmazedonien oder der Türkei, und selbst aus Zentraleuropa verkehren Buslinien hierher. Die meisten Überlandbusse halten am **KTEL-Makedonia-Busbahnhof,** der etwa 3 km vom Zentrum entfernt ist. Manche Gesellschaften betreiben auch Fahrten vom bzw. zum Busterminal gleich neben dem Bahnhof.

Wer ab Thessaloníki in Orte der **Chalkidikí** weiterreisen möchte, muss sich zum **KTEL-Chalkidikí-Busbahnhof** begeben, der südlich der Stadt gelegen und etwa 8 km vom Flughafen entfernt ist (ab KTEL-Makedonia-Busbahnhof Linien 45, 45A, 45B via Hbf.). Von hier verkehren diverse Linien zu den Orten auf der Halbinsel – zur Orientierung: Néa Potídea 29 (ca. 70 Min., 7,10 €), Nikíti 44 (ca. 85 Min., 10,60 €) und Ierissós 21 (ca. 110 Min., 10,80 €).

› **Infos zum Busnetz:** https://ktelbus.com

•**226 KTEL-Makedonia-Busbahnhof,** O. Giannitsón 244, Tel. 2310595400, www.ktelmacedonia.gr

•**227 KTEL-Chalkidikí-Busbahnhof,** Piléa, Tel. 2310316555, https://ktel-chalkidikis.gr

085mt-dk

Mit dem Schiff

Thessaloníki ist über saisonale **Schiffs- bzw. Fährverbindungen** z. B. mit Piräus (bei Athen) und einigen griechischen Inseln verbunden. Infos erhält man über **Thesferry.** Weitere Fähren und Tragflügelboote verkehren ins 160 km weiter östlich gelegene **Kavála.** Der **Fährhafen von Thessaloniki (Limáni tis Thessaloníkis**) dient auch als Anlegeplatz für **Kreuzfahrtschiffe.**

•228 [S. 144] **Fährhafen Thessaloníki,** Avérof., www.thpa.gr
- **Thesferry:** Tel. 2310513005 und 2310524544, www.thesferry.gr
- **Weitere Infos:** www.ferriesingreece.com, www.gtp.gr

Autofahren

- **Allgemeine Hinweise:** Autofahren in Griechenland kann nervenaufreibend sein. Die Straßen sind nicht immer im besten Zustand, es gibt Schlaglöcher und teilweise (speziell bei Zufahrten zu abgelegenen Stränden) unbefestigte Schotterpisten. Die automatische Routenführung mit dem Navi ist mit Vorsicht zu genießen, da man manchmal über solche Schotterpisten geleitet wird. Oftmals sind Hunden und Katzen auf der Straße unterwegs bzw. im Landesinneren häufig Schaf-, Ziegen- und Rinderherden. So mancher Verkehrsteilnehmer nimmt es mit Geschwindigkeitsbegrenzungen und Vorfahrtsregeln nicht so genau, außerdem fahren gerade die Zweiradfahrer recht forsch, weshalb man stets aufmerksam sein sollte.
- Die **Blutalkoholgrenze** liegt bei 0,5 ‰.
- **Pannen-Notruf:** Automobil- und Touring-Club Griechenland (ELPA), www.elpa.gr, Tel. +302106068800, Pannendienst Tel. 10400.
- **Unfall oder Panne:** Die Grüne Versicherungskarte ist als Nachweis und zur einfacheren Schadensabwicklung empfehlenswert. Bei Unfällen sollte man aus versicherungstechnischen Gründen immer die Polizei informieren und sämtliche Schritte protokollieren lassen. Wichtig ist auch, gegenüber dem Unfallgegner keine Zusagen zu treffen.

› **Verkehrsregeln:** Die Geschwindigkeitsbeschränkung liegt innerorts bei 50 km/h, außerorts bei 90 bis 110 km/h und auf der Autobahn bei max. 130 km/h. Das Mitführen einer Warnweste bzw. das Tragen einer solchen bei einem Unfall oder einer Panne wird empfohlen. In Griechenland zugelassene Fahrzeuge müssen außerdem einen Feuerlöscher mitführen.

Barrierefreies Reisen

Leider sind sämtliche Orte der Chalkidikí nur suboptimal auf Reisende eingestellt, die auf eine barrierefreie Infrastruktur angewiesen sind. Durch oftmals enge Gassen, unebenes Pflaster, fehlende Gehwegabsenkungen, teilweise steile Straßen und mäßig präparierte Strandzugänge haben es Menschen mit Behinderungen meist schwer. Höchstens im Stadtgebiet **Thessaloníkis** gibt es **Buslinien,** die zumindest an einigen Stationen einen barrierefreien Zutritt erlauben. Zusätzlich sind die Stadtbusse für Personen mit Behinderung kostenlos (Infos unter Tel. 23109339-30/-38).

Die griechische Organisation **Seatrac** baut im ganzen Land **barrierefreie Strandzugänge**, auch einige Strände Chalkidikís sind dabei. Weitere Infos erhält man auf der folgenden Internetseite:

› https://seatrac.gr/en/map

088mt-dk

⌃ *Orientierung garantiert: Die örtliche Beschilderung erfolgt in der Regel auch in lateinischer Schrift*

‹ *Ab Ouranoúpoli* ⑰ *verkehren Fähren nach Dáfni [I4], dem Zugang zur Mönchsrepublik Áthos (s. S. 98)*

Diplomatische Vertretungen

› **Deutsches Generalkonsulat,** Leof. Megálou Alexándrou 33, Thessaloníki, Tel. +30 2310251120, https://griechenland.diplo.de, Mo–Mi 9–15, Do/Fr 9–12 Uhr

› **Botschaft der Republik Österreich,** Leof. Vasilíssis Sofías 4, Athen, Tel. +30 2107257270, www.bmeia.gv.at/oeb-athen, Mo–Fr. 10–12 Uhr

› **Schweizerische Botschaft in Griechenland,** O. Iasíou 2, Athen, Tel. +30 21072303-64/-65/-66, in Notfällen Tel. +41800247365, www.eda.admin.ch/athen

Geldfragen

Das **Preisniveau** liegt grundsätzlich unter dem Deutschlands, Österreichs oder der Schweiz. Speziell für Lebensmittel, Restaurant- und Museumsbesuche zahlt man meist weniger. Hotelpreise liegen hingegen im mitteleuropäischen Durchschnitt, wobei es teilweise große Preisschwankungen zwischen Haupt- und Nebensaison gibt.

Girocards bzw. **Debitkarten**, auch **VPAY-Karten**, funktionieren in Griechenland problemlos. Gängige **Kreditkarten** werden in den meisten Restaurants und Geschäften sowie an den Tankstellen als Zahlungsmittel akzeptiert. In Griechenland ist es gesetzlich vorgeschrieben, dass alle Hotels, Geschäfte und Restaurants eine **Kartenzahlung** anbieten, was meist auch eingehalten wird.

Beim **Abheben von Bargeld** wird entgegen der Praxis in den meisten anderen EU-Mitgliedsstaaten i. d. R. eine **Extragebühr** erhoben, die zusätzlich zu der eventuell von der Hausbank geforderten Gebühr anfallen kann (ca. 2–5 €). **Geldautomaten** gibt es in ausreichender Anzahl, allerdings sind diese in kleineren Orten außerhalb der Hauptsaison oft abgeschaltet.

Chalkidikí preiswert

- Die **Busse** in der Region Chalkidikí werden von KTEL betrieben und sind auffallend günstig. Wer also statt mit dem eigenen Fahrzeug oder dem Taxi per Überlandbus unterwegs ist, spart deutlich. Dabei ist das Busfahren in der Regel komfortabel und die Fahrzeuge sind klimatisiert, wenngleich die meisten Routen via Thessaloníki führen (Details s. S. 16).
- Neben den meist in erster Küstenlinie stehenden Tavernen, die sich mit ihren frischen Fischgerichten auf Urlauber spezialisiert haben, finden sich in vielen Orten auch **einfache Imbisslokale** mit Gerichten wie Gíros, Souvláki o. Ä., die in der Regel richtig günstig sind.
- Speziell **staatliche Museen** (z. B. das Archäologische Museum in Thessaloníki, s. S. 22, oder in Polígiros (10)) und **Ausgrabungsstätten** wie Stágira (24) oder Ólinthos (15) bieten Ermäßigungen, etwa für Schüler und Studenten (mit Ausweis) oder Senioren über 65 Jahren. In der Nebensaison (Nov.–März) ist an jedem ersten Sonntag im Monat der Eintritt frei.

Informationsquellen

Infostellen in der Region Chalkidikí

Im Zuge der Finanzkrise wurden die Mittel für das Tourismusministerium radikal gekürzt. **Touristeninformationen** gibt es in den Orten der Chalkidikí überhaupt nicht, in **Thessaloníki** hingegen findet sich auf der Platía Aristotélous (1) ein **Info-Kiosk** (s. S. 26). Andernorts kann man sich an **private Reisebüros** wenden, die ebenfalls touristische Auskünfte erteilen und Ausflüge organisieren. Diese sind im ersten Teil des Buches beim jeweiligen Ferienort unter „Infos und Reisetipps" gelistet.

Chalkidikí im Internet

- **www.greece-is.com**: Die englischsprachige Website enthält exzellente Tipps, spannende Texte und hilfreiche Empfehlungen. Über „Destinations" kann man „Thessaloniki" oder „Halkidiki" auswählen.
- **https://inthessaloniki.com**: Diese Internetseite beinhaltet Hinweise zu Aktivitäten in Thessaloniki, aber auch im Umland (griech./engl.).
- **https://thessaloniki.gr**: Die Website der Stadtverwaltung (griech./engl.) wartet mit Zahlen, News, Veranstaltungen etc. auf; v. a. die Rubrik „Visitor" ist für Besucher aufschlussreich.
- **https://thessaloniki.travel/de**: Die offizielle Internetpräsenz (griech./engl./deutsch) der lokalen Tourismusbehörde informiert umfassend und aktuell über

Attraktionen, Veranstaltungen, Hotels, Gastronomie sowie Shopping und liefert wertvolle praktische Tipps.

- **www.visit-halkidiki.gr:** der offizielle Internetauftritt (griech./engl.) der Chalkidikí mit einleitenden Texten über jede Unterregion, Event-Kalender, Blog und ausgewählten Empfehlungen für Touren sowie Aktivitäten.
- **https://welcome-chalkidiki.de:** private, deutschsprachige Website mit Beschreibungen einzelner Orte der Chalkidikí, aber auch Reiseinfos

Smartphone-Apps

- **Chalkidiki e-Ticket/KTEL Chalkidikis:** englischsprachige App der Verkehrsbetriebe zum Kauf von Bustickets, inkl. Sitzplatzauswahl (kostenlos für Android und iOS)
- **Discover Halkidiki:** nützliche touristische App auf Englisch für die Chalkidikí mit Infos zu den drei Halbinseln Kassándra, Sithonía und Áthos, zu Aktivitäten, Stränden, lokalen Produkten u. v. m. (kostenlos für Android)
- **Thessaloniki Travel:** offizielle, englischsprachige App des Tourismusverbands von Thessaloníki mit Gastrotipps, Events, Attraktionen und Offline-Karte (kostenlos für Android und iOS)

LGBT+

Die Chalkidikí ist kein explizit auf LGBT+ eingestelltes Reiseziel, auch Thessaloníki verfügt nur über eine kleine und eher **diskrete schwul-lesbische Szene.** Zwar sind die Einheimischen grundsätzlich **tolerant** gegenüber Homosexuellen, dennoch sieht man im Alltag nur selten Zeichen der Zuneigung wie Händchenhalten zwischen gleichgeschlechtlichen Partnern. Entsprechend gibt es nur sehr vereinzelt Lokale und Clubs, die sich an ein homosexuelles Publikum richten. Seit dem Jahr 2012 findet in Thessaloníki jedes Jahr im Juni eine **Pride-Parade** statt.

- https://thessalonikipride.com/en

Medizinische Versorgung

Mit der **Europäischen Krankenversicherungskarte (EHIC)**, die i.d.R. auf die Rückseite der Gesundheitskarte gedruckt ist, können gesetzlich Krankenversicherte auch in Griechenland unmittelbar erforderliche medizinische Versorgung in Anspruch nehmen. Manchmal ist bei Arztbesuchen **Vorkasse** fällig, dann kann man sich die Kosten von der heimischen Kasse erstatten lassen. Es kann von Vorteil sein, eine **Auslandskrankenversicherung** abzuschließen, insbesondere hinsichtlich des Rücktransports im Krankheitsfall.

Apotheken – *Φαρμακείο* (farmakío) – sind zahlreich und leicht am grünen Kreuz zu erkennen. Außerhalb der regulären Öffnungszeiten (meist Mo–Sa 9–21 Uhr) findet man Nachtapotheken über die Aushänge an den Apotheken oder unter Tel. 107. Bei kleineren Verletzungen kann man sich in die Erste-Hilfe-Station eines **Krankenhauses** begeben. Auskunft über nahe Krankenhäuser und Kliniken sowie diensthabende Ärzte erhält man unter Tel. 1434.

Auf der Website der deutschen Botschaft (https://griechenland.diplo.de) findet sich eine aktuelle Liste mit **deutschsprachigen Ärzten** in Thessaloníki. Außerdem erhält man über **SOS Doctors** Hinweise zu nahe gelegenen Arztpraxen.

- **229 Ippokrátio Hospital,** O. Konstantinoupóleos 49, Thessaloníki, Tel. 2310892000, www.ippokratio.gr
- **SOS Doctors:** Tel. 1016, www.sosiatroi.gr

Notfälle

Notrufnummern

- **Euronotruf:** Tel. 112
- **Feuerwehr:** Tel. 199
- **Rettungsdient:** Tel. 166
- **Notarzt:** Tel. 105
- **Polizei:** Tel. 100 (Notfall), Tel. 1033 (Sonstiges)
- **Touristenpolizei:** Tel. 171

Diebstahl und Verlust

Den Diebstahl oder Verlust von Wertgegenständen, Geld, Ausweis, oder Kreditkarten muss man aus Versicherungsgründen bei der **Polizei** melden und protokollieren lassen.

Kartensperrung

Bei **Verlust der Debit-(Giro-), Kredit- oder SIM-Karte** gibt es für Kartensperrungen eine **deutsche Zentralnummer** (unbedingt vor der Reise klären, ob die eigene Bank bzw. der jeweilige Mobilfunkanbieter diesem Notrufsystem angeschlossen ist). **Aber Achtung:** Mit der telefonischen Sperrung sind die Bezahlkarten zwar für die Bezahlung/Geldabhebung mit der PIN gesperrt, nicht jedoch für das **Lastschriftverfahren mit Unterschrift.** Man sollte daher auf jeden Fall den Verlust zusätzlich bei der Polizei zur Anzeige bringen, um gegebenenfalls auftretende Ansprüche zurückweisen zu können.

In **Österreich** und der **Schweiz** gibt es keine zentrale Sperrnummer, daher sollten sich Besitzer von in diesen Ländern ausgestellten Debit- oder Kreditkarten vor der Abreise bei ihrem Kreditinstitut über den zuständigen Sperrnotruf informieren.

Generell sollte man sich immer die **wichtigsten Daten** wie Kartennummer und Ausstellungsdatum **separat notieren,** da diese unter Umständen abgefragt werden.

- **Deutscher Sperrnotruf:** Tel. +49116116 oder Tel. +493040504050
- **Weitere Infos:** www.kartensicherheit.de, www.sperr-notruf.de

Öffnungszeiten

Feste **Ladenöffnungszeiten** wie in Deutschland, Österreich oder der Schweiz gibt es in Griechenland nicht. Das Gros der Geschäfte hat Mo–Sa durchgehend 9–21 Uhr geöffnet. Doch abseits der touristischen Orte haben viele Geschäfte Mo, Mi und Sa nur 9–15 sowie Di, Do und Fr 9–19 Uhr geöffnet, dafür aber ab und zu mit einer **Mittagspause** zwischen 14 und 17 Uhr. **Restaurants** sind in der Saison in der Regel 11.30–15 und 19.30–24 Uhr geöffnet. Außerhalb der Hauptreisezeit bleiben viele Lokale in den Touristenorten geschlossen. **Museen** und andere **Sehenswürdigkeiten** unterliegen ebenfalls keiner einheitlichen Regelung. Als Richtwert gilt, dass sie zwischen Ende April und Anfang Oktober tägl. 9–19 Uhr Besucher empfangen, Montag ist gelegentlich **Ruhetag** oder nur halbtags geöffnet. Zwischen Oktober und Ende April schließen viele Sehenswürdigkeiten bereits um 15 oder 16 Uhr oder haben gar nicht auf. **Banken** sind Mo–Fr 8–14 Uhr und einige 1–2 Std. am Nachmittag offen.

Post

Standardsendungen bis 20 g und Postkarten innerhalb Europas kosten 1 €. **Postfilialen** *(tachidromío)* sind meist Mo–Fr 7.30–20.30 Uhr geöffnet. Die **gelben Briefkästen** tragen die Aufschrift ΕΛΤΑ (Post) und haben meist nur einen Schlitz für alle Sendungen. Mehr Informationen gibt es unter www.elta.gr.

Sprache

In den meisten Fällen sprechen die Einheimischen **Englisch**, in ausgesprochenen Touristenorten der Chalkidikí auch öfter **Deutsch.** Dennoch tut man gut daran, sich ein paar Wörter und Floskeln auf **Griechisch** anzueignen. Im Anhang dieses Buches findet sich eine **Kleine Sprachhilfe** (s. S. 133) mit den wichtigsten griechischen Begriffen und Redewendungen.

Telefonieren und Internet

Seit 2017 gibt es in der EU **keine Roaminggebühren** mehr. Damit ist das Telefonieren und Surfen mit dem Handy im EU-Ausland so günstig wie zu Hause – es sei denn, man nutzt das Handy im Ausland über einen längeren Zeitraum hinweg, dann können je nach Anbieter Nutzungsobergrenzen gelten. Die **Netzabdeckung** in der Region ist – abgesehen von abgelegenen Bergregionen – sehr gut.

Die **Ländervorwahl** für Griechenland ist 0030, darauf folgt eine **Ortsvorwahl** wie 2310 für Thessaloníki, 2371 für Polígiros ⑩ oder 2377 für Ierissós ㉑ und die Mönchsrepublik Áthos. Diese Vorwahl ist Teil der Rufnummer und muss auch vor Ort immer mitgewählt werden.

Uhrzeit

In Griechenland gilt die **OEZ (Osteuropäische Zeit),** die der bei uns gültigen MEZ (Mitteleuropäische Zeit) um **eine Stunde voraus** ist. Von Ende März bis Ende Oktober (also rund vier Wochen länger als in Deutschland, Österreich oder der Schweiz) gilt in Griechenland die **Sommerzeit.**

Neben den **offiziellen Zeitangaben** von 1 bis 24 nutzt man meist nur die 12-Stunden-Uhr, d. h. es wird für den Vormittag ein π.μ. für πρό μεσημβρίας *(pró mesimvrías* = vormittags) nachgestellt, für nachmittags hingegen ein μ.μ. für μετά μεσημβρίας *(metá mesimvrías* = nachmittags).

Vorwahlen

- **Griechenland:** 0030
- **Deutschland:** 0049
- **Österreich:** 0043
- **Schweiz:** 0041

Verhaltenstipps

- **Religion:** Die meisten Einheimischen sind gläubig. Daher ist Respekt gegenüber religiösen Riten und Traditionen unabdingbar. Beim Besuch von Kirchen sollte man auf ein gepflegtes Erscheinungsbild – lange Hosen bzw. Kleider, die über die Knie reichen, und bedeckte Schultern – achten.

090mt-dk

☒ *Ob Post oder Bank – man wird in allen größeren Orten der Chalkidikí fündig*

091mt-dk

› **Körpersprache:** Viele Gesten werden in Griechenland anders gedeutet als in Mitteleuropa. Um etwas zu verneinen, wird häufig der Kopf nach hinten geneigt, während eine Kopfneigung zur Seite „ja“ bedeutet. Vermeiden Sie, Ihrem Gesprächspartner die gehobene Handfläche entgegenzustrecken, da dies als Beleidigung verstanden wird. Auch sollte man nicht mit dem Daumen und Zeigefinder einen Kreis bilden und die anderen Finger abspreizen, denn so bezeichnet man sein Gegenüber als A....loch.

› **Namensstreit Makedonien vs. Nordmazedonien:** Vermeiden sollte man unbedingt Diskussionen über den Namensstreit zwischen Griechenland und Nordmazedonien, denn hierauf reagieren viele Menschen äußerst allergisch.

Im Frühling, wenn alles blüht, ist Chalkidikí unbedingt eine Reise wert

Wetter und Reisezeit

In der Region herrscht ein **warmgemäßigtes Klima.** Selbst im Winter fallen die Temperaturen fast nie unter den Gefrierpunkt. Unangenehm sind im Frühjahr und Spätherbst die **Regenfälle,** die teilweise zu sintflutartigen **Überschwemmungen** führen können. Im **Juli und August** wird es heiß und neben den ausländischen Urlaubern „flüchten“ dann auch viele Griechen aus den Städten ans Meer, um sich Abkühlung zu verschaffen. Entsprechend wird es in den meisten Orten voll und die Unterkunftspreise erreichen ihren Höchststand.

Für alle, die neben Erholung am Strand auch **Aktivurlaub** zu schätzen wissen, sind die **besten Reisezeiten** der späte Frühling und der Frühsommer (April–Juni), aber auch der Spätsommer und Frühherbst (Sept./Okt.). Zwischen November und Ende April schließen zahlreiche Hotels und Lokale – dann wirken die meisten Orte etwas verlassen.

Eine Reise in die Region bereits im Frühling (ab Ende Februar) ist nicht zuletzt wegen der **einsetzenden Blüte** vieler Bäume und Blumen ein tolles Erlebnis. Die **Wassertemperaturen** nähern sich meist erst Mitte Mai 20 °C, doch dafür ist auch der Oktober noch zum Schwimmen geeignet.

Wetter in der Region Chalkidikí

Durchschnitt	Jan	Febr	März	Apr	Mai	Juni	Juli	Aug	Sept	Okt	Nov	Dez
Maximale Temperatur	10°	11°	13°	16°	21°	25°	28°	28°	24°	19°	16°	11°
Minimale Temperatur	6°	8°	9°	12°	16°	20°	23°	24°	20°	16°	13°	8°
Regentage	9	9	8	5	5	2	1	1	4	6	9	12
Wassertemperatur	15°	14°	14°	17°	19°	23°	26°	27°	25°	22°	19°	17°

Kleine Sprachhilfe

Die folgende Sprachhilfe entstammt dem Kauderwelsch-Sprachführer **„Griechisch – Wort für Wort“** aus dem Reise Know-How Verlag.

Alphabet

In dieser Tabelle sind die griechischen Buchstaben (jeweils Groß- und Kleinbuchstabe) den Namen und den deutschen Buchstaben gegenübergestellt.

Α α	alpha	a
Β β	wita	v
Γ γ	gamma	g
	vor i und e:	j
Δ δ	delta	d
Ε ε	epsilon	e
Ζ ζ	zita	s
Η η	ita	i
Θ θ	thita	th
Ι ι	jota	i
Κ κ	kapa	k
Λ λ	lambda	l
Μ μ	mi	m
Ν ν	ni	n
Ξ ξ	xi	ks
Ο ο	omikron	o
Π π	pi	p
Ρ ρ	ro	r
Σ σ, ς	sigma	ss
Τ τ	taf	t
Υ υ	ipsilon	i
Φ φ	fi	f
Χ χ	chi	ch
Ψ ψ	psi	ps
Ω ω	omega	o

Buchstabenverbindungen

ΑΙ	*αι*	e	
Αυ	*αυ*	av	vor Selbstlauten und stimmhaften Mitlauten
		af	vor stimmlosen Mitlauten
ΕΙ	*ει*	i	
Ευ	*ευ*	ev	vor Selbstlauten und stimmhaften Mitlauten
		ef	vor stimmlosen Mitlauten
ΟΙ	*οι*	i	
Ου	*ου*	ou	„u“
ΓΓ	*γγ*	ng	kommt nur im Wortinneren vor
ΓΚ	*γκ*	g	am Wortanfang
		ng	im Wortinneren
ΓΧ	*γχ*	ngch	kommt nur im Wortinneren vor
ΜΠ	*μπ*	b	am Wortanfang
		mb	im Wortinneren
ΝΤ	*ντ*	d	am Wortanfang
		nd	im Wortinneren

Lautschrift

Hier sind diejenigen Lautschriftzeichen aufgeführt, deren Aussprache vom Deutschen abweicht.

ch	vor a, o, u „ch“ wie in „Bach“ vor e, i „ch“ wie in „ich“
d	stimmhaftes „th“ wie in engl. „these“
e	kurzes, offenes „e“ wie in „Ecke“
g	vor a, o, u fast wie ein deutsches Zäpfchen-r
j	wie „j“ in „Jäger“
o	kurzes, offenes „o“ wie in „oft“
r	Zungen-r (gerollt)
s	stimmhaftes „s“ wie in „reisen“
ss	stimmloses „s“ wie „ß“ in „reißen“
th	stimmloses „th“ wie in engl. „thing“
v	„w“ wie in „Witwe“

Besonderheiten

Fragen enden nicht mit „?“, sondern mit „;“.

Die wichtigsten Floskeln und Redewendungen

Ναι	Ne	Ja
Οχι	Óchi	Nein
Ευχαριστώ	Efcharistó	Danke
Παρακαλώ	Parakaló	Bitte (Antwort)

Ευχαριστώ επίσης.	Efcharistó epíssis.	Danke, gleichfalls.
Αντίο!	Adío!	Auf Wiedersehen!
Γεια σου!	Jássu! (Du)	Hallo, Guten Tag, Tschüss!
Γεια σας!	Jássass! (Sie)	Hallo, Guten Tag, Tschüss!
Καλημέρα.	Kaliméra	Guten Tag.
Χαίρετε!	Chérete!	Auf Wiedersehen!
Καλώς ορίσατε!	Kalós oríssate!	Herzlich willkommen!
Τι κάνεις;	Ti kánis;	Wie geht es dir?
Τι κάνετε;	Ti kánete;	Wie geht es Ihnen?
Καλά ευχαριστώ.	Kalá efcharistó.	Danke, gut.
Εντάξει.	Endáksi.	In Ordnung, o. k.
Δεν ξέρω.	Then kséro.	Ich weiß nicht.
Καλή όρεξη!	Kalí óreksi!	Guten Appetit!
Γεια μας!	Jámass!	Zum Wohl!/ Prost!
Συγγνώμη!	Ssignómi!	Entschuldigung!
Λυπάμαι πολύ.	Lipáme polí.	Es tut mir sehr leid.

Die wichtigsten Fragewörter

τι;	ti;	was?, wie?
ποιος/ ποια/πιο;	pios/ pia/pio;	welche(s, -r)?
Ποιος είναι αυτός;	Pios íne aftós;	Wer ist das?
ποιανού;	pianoú;	wessen?
πού;	poú;	wo?/wohin?
γιατί;	jatí;	warum?
πόσο;	pósso;	wie viel?
πόσο μακριά;	póso makriá;	wie weit?
πότε;	póte;	wann?

Die wichtigsten Richtungsangaben

αριστερά	aristerá	(nach) links
δεξιά	deksiá	(nach) rechts
κατ'ευθείαν	katefthían	geradeaus
πίσω	písso	zurück
απέναντι	apénandi	gegenüber
δίπλα	dípla	nebenan
μακρία	makriá	weit
κοντά	kondá	nah
εδώ	edó	hier
εκεί	ekí	dort
διασταύρωση	diastávrossi	Kreuzung
έξω από την πόλη	ékso apó tin póli	außerhalb der Stadt
στο κέντρο	sto kéndro	im Zentrum

Die wichtigsten Zeitangaben

προχθές	prochthés	vorgestern
χθες	chthes	gestern
σήμερα	ssímera	heute
αύριο	ávrio	morgen
μεθαύριο	methávrio	übermorgen
το πρωί	to proí	morgens
το μεσημέρι	to messiméri	mittags
το βράδυ	to vrádi	abends
απόψε	apópse	heute Abend
καθημερινά	kathimeriná	täglich

Wochentage

Montag	*Δευτέρα*	Deftéra
Dienstag	*Τρίτη*	Tríti
Mittwoch	*Τετάρτη*	Tetárti
Donnerstag	*Πέμπτη*	Pémpti
Freitag	*Παρασκευή*	Paraskeví
Samstag	*Σάββατο*	Sávvato
Sonntag	*Κυριακή*	Kiriakí

Die wichtigsten Fragen und Bitten

Υπάρχει ...;	Ipárchi ...;	Gibt es ... ?
Έχετε ...;	Échete ...;	Haben Sie ... ?
Ψάχνω ...	Psáchno ...	Ich suche ...

+++ Die wichtigsten Wörter mit dem Bonus-Audiotrack des Kauderwelsch-

Χρειάζομαι ...	Chriásome ...	Ich brauche ...
Δώστε μου, παρακαλώ ...	Dóste mou, parakaló ...	Geben Sie mir bitte ...
Θα ήθελα ...	Tha íthela ...	Ich hätte gerne ...
Πόσο κάνει ...;	Pósso káni ...;	Wie viel kostet ... ?
Θέλω να πάω ...	Thélo na páo ...	Ich möchte nach ... gehen.
Πηγαίνετε με ... παρακαλώ	Pijénete me ... parakaló	Bringen Sie mich/mir bitte ... (zu .../nach ...)
Θέλω να τηλεφωνήσω.	Thélo na tilefonó	Ich möchte telefonieren.
Βοηθήστε με παρακαλώ!	Voïthíste me parakaló!	Helfen Sie mir bitte!

Im Restaurant

Wasser	*νερό*	neró
Wein	*κρασί*	krasí
Bier	*μπύρα*	bíra
Limonade	*λεμονάδα*	lemonáda
Flasche	*μπουκάλι*	boukáli
Glas	*ποτήρι*	potíri
Brot	*ψωμί*	psomí
Salat	*σαλάτα*	saláta
Suppe	*σούπα*	soúpa
Fleisch	*κρέας*	kréas
Fisch	*ψάρι*	psári
Kartoffeln	*πατάτες*	patátes
Gemüse	*λαχανικά*	lachaniká
Käse	*τυρί*	tirí
Oliven	*ελιές*	eliés
Tomaten	*ντομάτες*	domátes
Auberginen	*μελιτζάνες*	melitzánes
Zucchini	*κολοκυθάκια*	kolokithákia
Die Rechnung bitte.	*Το λογαριασμό παρακαλώ.*	To logariasmó parakaló.

Nicht verstanden? – Weiterlernen!

Μιλάω μόνο λίγο ελληνικά.	Miláo móno lígo Elliniká.	Ich spreche nur ein bisschen Griechisch.
Μιλάει κανείς αγγλικά;	Miláe kanís angliká;	Spricht hier jemand Englisch?
Πώς λέγεται στα ...; Ελληνικά Γερμανικά	Pos léjete sta ...; Elliniká Jermaniká	Wie heißt das auf ... ? Griechisch Deutsch
Δεν κατάλαβα τίποτα.	Den katálava típota.	Ich habe nichts verstanden.
Ορίστε;	Oríste;	Wie bitte?
Να μιλάτε αργά!	Na miláte argá!	Sprechen Sie langsam!

Register

Falls Ihnen alles Griechisch vorkommt …

Straßenschilder in Griechenland sind in der Regel zweisprachig: Verwendet werden griechische und lateinische Buchstaben. Nur die Wörter **Odós** (Straße, hier abgekürzt O.), **Leofóros** (Allee, Boulevard, abgekürzt Leof.) und manchmal **Platía** (Platz, abgekürzt Pl.) werden meist ausschließlich auf Griechisch – **οδός** bzw. **λεοφόρος** und **πλατεία** – angegeben.

Leider ist die Schreibung von Straßen- und Ortsnamen **nicht einheitlich:** So wird z. B. aus Áfitos auch Áfytos, aus Polígiros auch Polýgiros oder Polýgyros. Die in diesem Buch verwendete **Umschrift** orientiert sich an der Aussprache. Daher sind alle griechischen Begriffe auch mit **Betonungsakzent** angeben.

Etwas gewöhnungsbedürftig ist, dass manche Straßennamen oder Orte, die nach Personen benannt sind, die **griechische Genitivendung -ou** haben. Aus Ágios Dimítrios (hl. Demetrios) wird somit die Odós Agíou Dimitríou (Heiliger-Demetrios-Straße) – nicht entmutigen lassen, solange es ähnlich klingt, ist man meist richtig!

Außerhalb von Thessaloníki und einer Handvoll anderer Kleinstädte gibt es **kaum Straßennamen oder Hausnummern.** Zur Orientierung dienen dann meist markante Orte wie Kirchen oder der Hauptplatz. Daher wurden in diesem Buch Adressen nur dann angegeben, wenn diese vor Ort auch geläufig sind.

099mt-dk

REISE KNOW-HOW
@ReiseKnowHow
@reiseknowhowverlag
@Reise_KnowHow
auf www.reise-know-how.de
für den Newsletter anmelden
Zugspitze. Foto: Aneta Niemitz

Zugspitze, Foto: Aneta Niemitz

Impressum

Daniel Krasa

MeinTrip Chalkidikí

1. Auflage 2024

ISBN 978-3-8317-3730-7

Printed in Germany

Druck und Bindung:
mediaprint solutions GmbH, Paderborn

Herausgeber: Ulrich Kögerler, Klaus Werner
Layout: amundo media GmbH (Umschlag, Inhalt), Peter Rump (Umschlag)
Lektorat: amundo media GmbH
Karten: Ingenieurbüro K. Wendler, amundo media GmbH
Anzeigenvertrieb: KV Kommunalverlag GmbH & Co. KG, Alte Landstraße 23, 85521 Ottobrunn, Tel. 089 928096-0, info@kommunal-verlag.de
Kontakt: Osnabrücker Str. 79, 33649 Bielefeld, info@reise-know-how.de

Alle Angaben in diesem Buch sind gewissenhaft geprüft. Preise, Öffnungszeiten usw. können sich jedoch schnell ändern. Für eventuelle Fehler übernehmen Verlag wie Autor keine Haftung.

Bildnachweis

Umschlagvorderseite: ©Aleksandar Todorovic, stock.adobe.com | Umschlagrückseite: ©Lambros Kazan, stock.adobe.com | Umschlagklappe rechts: Sunita Benzing
Soweit ihre Namen nicht vollständig am Bild vermerkt sind, stehen die Kürzel an den Abbildungen für die folgenden Fotografen, Firmen und Einrichtungen. Daniel Krasa: dk | Sunita Benzing: sb

Zeichenerklärung

- Sehenswürdigkeit
- Archäologische Stätte
- Aussichtspunkt
- Bar, Treffpunkt
- Bergwerk
- Bibliothek
- Burg, Festung, Zitadelle
- Café
- Denkmal
- Flughafen
- Geschäft, Kaufhaus, Markt
- Gipfel
- Hafen
- Hallenbad
- Höhle
- Hotel, Unterkunft
- Informationsstelle
- Kirche
- Kirchenruine
- Kloster
- Krankenhaus, Arzt
- Leuchtturm
- Moschee
- Museum
- Musikszene, Club, Disco
- Parkplatz
- Restaurant, Lokal
- ★ ★ Sehenswürdigkeit
- Sonstiges
- Sport-/Spieleinrichtung
- Strand
- Synagoge
- Theater
- Turm
- Vegetarisches Lokal
- Windmühle
- Zeltplatz, Camping

Bewertung der Attraktionen

- ★★★ nicht verpassen
- ★★ besonders sehenswert
- ★ wichtig für speziell interessierte Besucher

Chalkidikí mit PC, Smartphone & Co.

QR-Code auf dem Umschlag scannen oder **www.reise-know-how.de/meintrip/chalkidiki24** eingeben und die **kostenlose Web-App** aufrufen (Internetverbindung zur Nutzung nötig)!

★**Anzeige der Lage und Satellitenansicht aller** beschriebenen Sehenswürdigkeiten und weiteren Orte
★**Routenführung** vom aktuellen Standort zum gewünschten Ziel
★**Audiotrainer** der wichtigsten Wörter und Redewendungen
★**Updates** nach Redaktionsschluss

GPS-Daten zum Download

Die GPS-Daten aller Ortsmarken stehen auf der Produktseite des Titels auf www.reise-know-how.de zum Download zur Verfügung.

Die Information über und die Bereitstellung von digitalen Zusatzinhalten (z. B. Web-App, Links, GPS-Tracks o. Ä.) ist eine freiwillige Zusatzleistung des Verlages, auf die kein Anspruch besteht und für deren Richtigkeit aufgrund der Veränderlichkeit solcher Informationen auch nicht gehaftet werden kann. Insbesondere behält sich der Verlag deshalb vor, die Bereitstellung und die Zugriffsmöglichkeit zeitlich zu befristen und den Zugriff hierauf auch vorfristig abzuschalten.

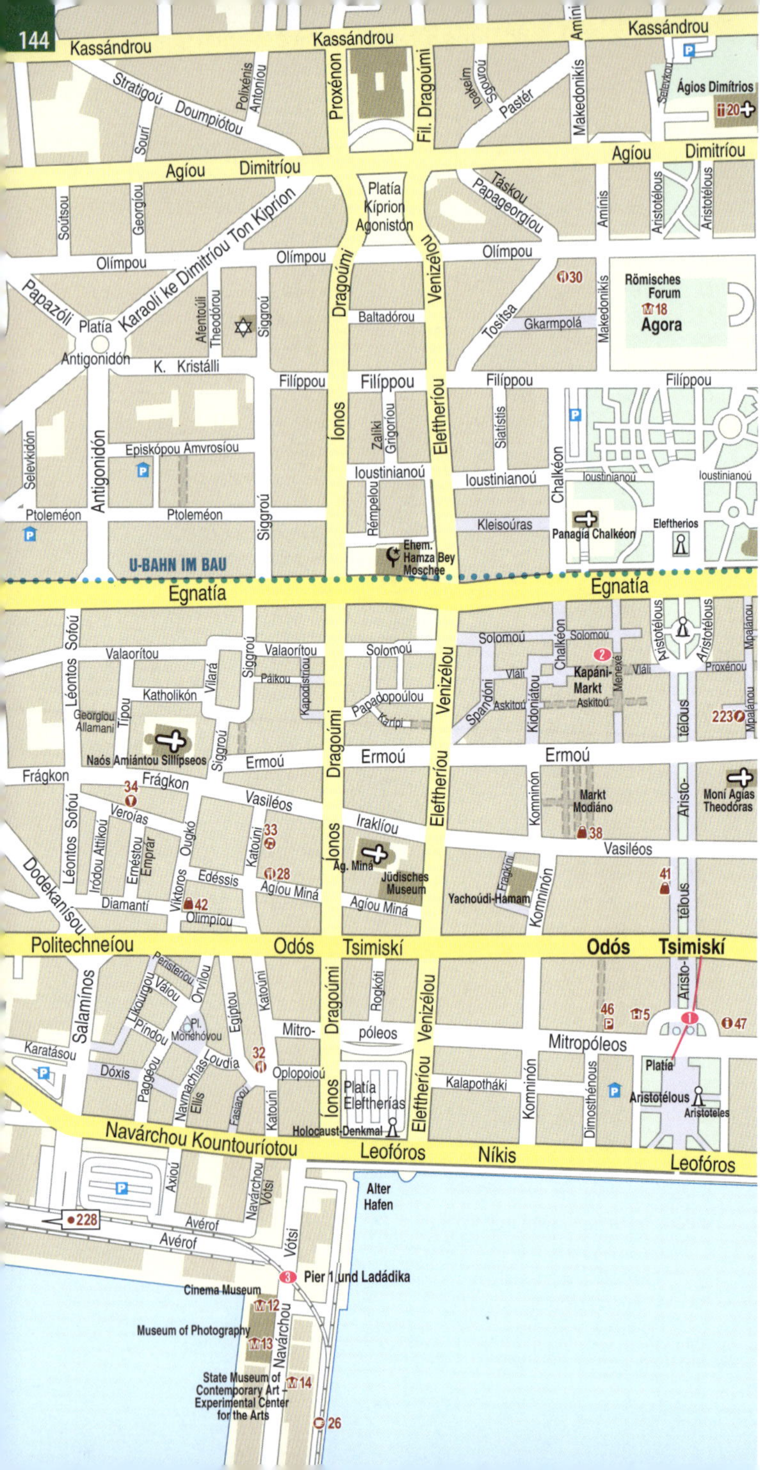
Kassándrou
Kassándrou
Kassándrou
Stratigoú
Doumpiótou
Polixénis
Antoníou
Proxénon
Fil. Dragoúmi
Ioakeím
Sgouroú
Pastér
Makedonikís
Amíni
Seleukou
Ágios Dimítrios
20
Souri
Agíou
Dimitríou
Agíou
Dimitríou
Plateía
Kíprion
Agoniston
Táskou
Papageorgíou
Soútsou
Georgíou
Karaolí ke Dimitríou Ton Kiprion
Amínis
Aristotélous
Aristotélous
Olímpou
Olímpou
Olímpou
Papazóli
Platía
Antigonidón
Afentoúli
Theodórou
Siggroú
Dragoúmi
Venizélou
Baltadórou
Tosítsa
Gkarmpolá
30
Makedonikís
Römisches
Forum
18
Agora
K. Kristálli
Filíppou
Filíppou
Filíppou
Filíppou
Íonos
Zalíki
Grigoríou
Eleftheríou
Siatístis
Selevkidón
Antigonidón
Episkópou Amvrosíou
Ioustinianoú
Ioustinianoú
Ioustinianoú
Ioustinianoú
Chalkéon
Ptolemeón
Ptolemeón
Siggroú
Rémpelou
Kleisoúras
Panagía Chalkéon
Eleftherios
U-BAHN IM BAU
Ehem.
Hamza Bey
Moschee
Egnatía
Egnatía
Léontos Sofoú
Valaorítou
Valaorítou
Siggroú
Solomoú
Solomoú
Solomoú
Chalkéon
2
Aristotélous
Aristotélous
Mpalánou
Páikou
Vilará
Katholikón
Kapodistríou
Papadopoúlou
Karípi
Vláli
Vláli
Kapáni-
Markt
Menexé
Proxénou
Georgíou
Allamani
Típou
Askitoú
Askitoú
Spandóni
Kidoniátou
télous
223
Mpalánou
Naós Amiántou Sillípseos
Siggroú
Ermoú
Ermoú
Ermoú
Frágkon
Frágkon
34
Verolas
Vasiléos
Iraklíou
Komninón
Markt
Modiáno
Aristo-
Moní Agías
Theodóras
38
Vasiléos
Léontos Sofoú
Iródou Attikoú
Ernéstou
Emprár
Ougkó
Katoúni
33
28
Ag. Miná
Jüdisches
Museum
Frágkini
Komninón
Yachoúdi-Hamam
41
télous
Dodekanísou
Edéssis
Agíou Miná
Agíou Miná
Viktoros
Diamantí
42
Olimpíou
Politechneíou
Odós
Tsimiskí
Odós
Tsimiskí
Salamínos
Peristeríou
Vaiou
Orvílou
Likoúrgou
Pl.
Monochóvou
Píndou
Egíptou
Katoúni
Dragoúmi
Rogkóti
Venizélou
Mitro-
póleos
46
5
Aristo-
1
47
Mitropóleos
Karatásou
Dóxis
Paggéou
Naumachías
Ellis
Loudía
32
Oplopoioú
Fasianoú
Katoúni
Íonos
Platía
Eleftherías
Eleftheríou
Kalapotháki
Komninón
Dimosthénous
Platía
Aristotélous
Aristoteles
Holocaust-Denkmal
Navárchou Kountouríotou
Leofóros
Níkis
Leofóros
Axioú
Navárchou
Vótsi
Alter
Hafen
228
Avérof
Avérof
Vótsi
3
Pier 1 und Ladádika
Cinema Museum
12
Museum of Photography
13
Navárchou
State Museum of
Contemporary Art –
Experimental Center
for the Arts
14
26